U0132584

理性的呼喚

從手術室到社會大舞台

梁智鴻　著

商務印書館

理性的呼喚——從手術室到社會大舞台

作　　者：梁智鴻

封面攝影：謝至德

責任編輯：張宇程

封面設計：趙穎珊

出　　版：商務印書館（香港）有限公司

　　　　　香港筲箕灣耀興道 3 號東滙廣場 8 樓

　　　　　http://www.commercialpress.com.hk

發　　行：香港聯合書刊物流有限公司

　　　　　香港新界大埔汀麗路 36 號中華商務印刷大廈 3 字樓

印　　刷：美雅印刷製本有限公司

　　　　　九龍觀塘榮業街 6 號海濱工業大廈 4 樓 A 室

版　　次：2018 年 7 月第 1 版第 1 次印刷

　　　　　© 2018 商務印書館（香港）有限公司

　　　　　ISBN 978 962 07 5798 3

　　　　　Printed in Hong Kong
　　　　　版權所有　不得翻印

目　錄

序

　　這是一本有事實根據的故事書，裏面的故事關於香港一些在九七回歸前後經歷的轉變。我作為香港市民與從政者不但參與其中，更擔當一個積極、帶領的角色。

　　我寫這本書有兩個原因：提醒自己我在這個大時代的經歷，以及向我的太太、兒女和朋友表示歉意。這些年來，我因公忘私，忽略了他們。

　　寫這本書對我來說不是難事。我在處理繁忙的工作和公務之餘，花了幾個月就完稿。真正的挑戰是要把它付梓成書。

　　在此，我要感謝以下人士：

　　我的秘書傅庭芳小姐，她讀懂我難以辨認的字跡；

　　林沛理先生，他為書的內容和行文提供寶貴意見；

　　我的前政治助理陳少娟小姐，她在我記憶模糊的時候幫我「恢復記憶」。

　　我特別要多謝商務印書館，沒有他們「偏向虎山行」的勇氣，這本書沒有可能面世。

梁智鴻

2018 年

前言

我的醫生父親

　　我的父親梁金齡從新加坡來香港讀醫，1938 年於香港大學畢業，獲內外全科醫學士（MBBS）學位。翌年，一個取名為「梁智鴻」的嬰兒呱呱墜地。自此，香港而非獅城，成為我的家和我的根。

家父是香港大學醫學院畢業生

當年的醫科畢業生被分派到不同地區工作。家父學業成績平平，被「發放」到偏遠的香港仔行醫。當年香港仔是一個貧窮的漁村，家父不只是區內碩果僅存的醫生，也大有可能是唯一能聽得懂和能說英語的人。

不久二次大戰爆發，日軍佔領香港，我們舉家逃亡至廣州。我依稀記得，當時家裏的生活不錯，出入多以私家黃包車代步。家父負責管理廣東省立醫院，醫院好像購置了一部救護車，但不知為何從未使用。我印象最深刻的，是幾乎每晚都有空襲，而我們總會躲進醫院。空襲之後一遍頹垣敗瓦，但醫院卻奇蹟地倖免於難。

戰爭結束後，我們舉家回到一片蕭條的香港。一家七口住在旺角黑布街一個板間房，與其他租客名副其實只有一板之隔。

但幸運之神沒有離棄我們。家父之後重返香港仔執業，受到街坊熱烈歡迎。他更義務為當地漁民充當翻譯，幫助他們與殖民政府官員溝通。

家父在湖南街開設診所。診所設備簡陋，家父和家母每天要把當天使用的藥物放在藤籃，再乘搭巴士前往香港仔診所看症。巴士由貨車改裝，在當時是往返香港仔的主要交通工具。

家父提供的服務頗為全面，從處理傷風咳嗽和魚鈎造

家父是政府與街坊的橋樑

成的傷口感染，到嬰兒接生，一應俱全。他這個全科醫生在香港仔可說無人不識。在那個交通不便的年代，每當香港仔的居民生病，第一個想到的就是家父。

家父是個怎樣的醫生，從以下事件可見。

颱風襲港，八號風球高懸，一名漁民在港口的舢板船上臨盆在即。家父二話不說，就與當護士的家母乘坐舢板出海，在風高浪急、滂沱大雨的惡劣天氣下為那位漁民接生。嬰兒重五磅，一索得男的父母當然興奮莫名，祖父母更是歡喜若狂。家父和家母得到的報酬自然不薄——當日新鮮的魚獲、一斤蝦和特別炮製的鹹魚。

家父最重視他身為醫生應履行的職責。有天是大年初

一，他奉召到一艘漁船上，去證實一名漁民死亡。收到通知後，他毫不猶豫地跳上舢板，完全不把「大吉利是」放在心上。他沒有想過要收取分毫，但死者家屬卻給他一封十元利是。

家父愛上香港仔這個社區，當地人亦視他為「蜑家佬」的一份子。

在不用上課的週末和週日，我和兄弟姊妹會到家父湖南街的診所跟父母共享「寶貴時光」。家父和家母工作繁重，沒有太多時間照顧我們，這情況在那個年代甚為普遍。養兒育女的擔子重，做父母多要為口奔馳。

在那個純真的年代，相信「獅子山精神」和勤勞是美德的仍大有人在。家父和家母雖然並不經常在我們身邊，但對我們至為關心，並且以身教代替言教。

家父其後於中環皇后大道中 74 號開設另一診所。我在這樣的環境下長大，逐漸明白行醫的真正意義和價值——全情投入、將心比心和一切以病人利益為先。我以父母為學習榜樣，於是決意投身醫學界。

全家福。右邊第四位是家父

家父在中環石板街（砵典乍街）與皇后大道中 74 號交界開
設的診所（左上方可見招牌）（圖片由陸漢一先生提供）

第一章

迎難而上

外科手術是既富挑戰性又要求嚴格的專科。手術程序可以令人身心俱疲——除了體力的付出，還承受着需在短時間內作出重大決定的精神壓力。如果外科醫生猶豫不決，可能令病人賠上性命，這是生死攸關的事情。你在深思熟慮之後作出決定，無論結果如何，絕不言悔。久而久之，你發現自己變得愈來愈堅強果斷。

在我學醫的年代，見習外科醫生要吃的苦頭不少，沒有「標準工時」，更沒有人會提到「工作與生活之間的平衡」。所謂下班時間，就是當你完成手頭上所有工作和處理好病人投訴的時候。我隸屬的外科部門只有我和梁雅達（A. E. J. van Langenberg）兩個醫生主理，卻要診治多達 200 位病人。我忙到連到理髮店的時間也沒有。

病房巡診由早上八點開始至早上十點前結束。之後，教授通常會到遊艇會揚帆出海，而高級醫生則趕赴私家醫院做手術。我們二人要負責部門的所有病人，以及急症室接收的病人。

　　若教授和高級醫生要做手術，我們其中一個會從旁協助，另一個則會為接受手術的病人做好準備。

　　雖然忙得不可開交，但我與其他人一樣從無怨言。我選擇外科為終身事業，是因為聽到內心的召喚。外科是一門科學，但做手術卻是藝術——做決定的藝術、跟病人溝通的藝術、為病人及其家人建立信心的藝術，以及有條不紊地做手術的藝術。

　　既然是藝術，便要多看多做，以收工多藝熟之效。在我實習期間，一名外科部主管的愛徒揚言只需 45 鐘就可以把病人的胃部切除。當時外科部主管聽到，對他說：「這有甚麼了不起？一隻有足夠訓練的猴子也做得到！」

　　誠然，優秀的外科醫生除了嫻熟的技術，還有思考和創新的能力。由來已久、行之有效的外科技術固然重要，但醫治病人的方法必須與時俱進，更要考慮他們的特殊需要與文化差異。外科醫生應抱持開放的態度，幫助病人盡快回復正常生活。

　　醫治小便出血的膀胱癌就是一例。最初，這個病徵往往被診斷為泌尿道感染，只需服抗生素，病情的嚴重性因而受到忽略。到病情惡化，癌症已到末期，必須把膀胱切除。

　　這亦表示病人體內再沒有容器盛載尿液，尿液需經身體下半部穿孔排出。由於尿液會弄髒衣服，病人的身體會

發出異味。在上世紀六、七十年代，這類病人飽受歧視。他們往往寧願讓病情惡化，也不肯接受手術，成為社會的邊緣人。

可以用身體其他的中空器官重建膀胱嗎？我們試過用大腸的一節，但效果未如理想。因為它的收縮力有限，導致尿流不足。此外，它製造大量黏液，妨礙尿液排出；更會吸收尿液裏的酸性物質，令病人有酸中毒的長期風險。大腸既然有這麼多問題，胃部又如何？技術上可行嗎？

胃部有一道厚的肌肉牆，所以收縮力強。胃的上部製造大量酸性，可能刺激尿道，甚至令其表皮脫落。所以，胃的下部（胃竇）可能比較適合。

雖然當時醫院並沒有成立倫理委員會，但也不可能用病人做「白老鼠」。為證實這種方法可行，我遂用狗隻進行實驗。愛護狗隻和關注動物權益的人士可以放心，狗隻在手術過程中皆按照嚴謹的程序被麻醉。不過，我必須承認，我使用的實驗室設備簡陋，日間只有一個技術人員當值。晚上，我經常在出席社交活動之後，衣冠楚楚地趕回實驗室，為我「珍貴的」狗隻提供手術後的護理，例如皮下注水和用管導尿。

實驗成功，我們的努力得到回報。我們發現，較之其他中空器官，胃部有很多優點。手術在技術上可行，胃部

肌肉的收縮力令排尿暢順。狗隻接受手術後並無不適，牠的尿液含輕度酸性，有效抵銷細菌滋生。

之後，我開始為膀胱被切除的癌症病人做這個手術。

全球第一

手術非常成功，後來更運用於那些膀胱因泌尿系統結核而收縮到只有一支頂針大小的病人身上。這個病況在上世紀六、七十年代頗為普遍，今天，這個手術以「擴大膀胱術」的名稱為人所知。

今天膀胱結核的情況非常罕見，但長期吸食氯胺酮會引起相同的併發症，也同樣可以用「擴大膀胱術」處理。

你發明或改良了一種手術，卻不會為其申請專利。剛剛相反，你希望愈多人得益愈好。這是學術外科的可敬之處。如果你在外科手術上的發明或創新有真正的科學價值，你可以發而為文，然後將文章投稿到重要的醫學期刊。倘若醫學期刊發表你的文章，著名的醫學機構會留意到並加以表彰。

擴大膀胱術被視為技術和科研的突破。我因此獲英國皇家外科學院任命為亨特講座教授（Hunterian Professor），應邀飛往倫敦以教授身份發表演說。

Use of the stomach for bladder replacement and urinary diversion

by

C H Leong FRCS

Department of Surgery, University of Hong Kong, Queen Mary Hospital, Hong Kong

Reprinted from

Annals of the Royal College of Surgeons of England

Volume 60 — July 1978

Pages 283–289

亨特講座論文

家父為我存留的亨特講座教授榮譽剪報

Hunterian honour for HKU surgeon

SENIOR Lecturer in the Department of Surgery, University of Hongkong, Dr C.H. Leong, was recently named Hunterian Professor of the Royal College of Surgeons of England. The Hunterian Professorship is awarded by the College to fellows or members who have done work of scientific value and contributed to the progress of surgery.

Dr Leong is the third Hongkong recipient of this award, and the first local-born Chinese to be so honoured. The first two recipients were also from the University of Hongkong: Professor Francis Stock, former Professor of Surgery; and Professor G.B. Ong, the present Professor of Surgery.

Dr Leong is now in Britain, where he recently delivered his Hunterian Lecture entitled 'The use of the stomach for urinary diversion and bladder replacement' at the Royal College of Surgeons in London.

在皇家外科學院演講

　　這是莫大的榮譽，也同時令我大開眼界。當天我在位於倫敦市中心霍爾本的英國皇家外科學院，由三位穿着整套學位袍的「智者」帶領，步入學院的 Edward Lumley Hall。三位智者分別是學院的院長、高級副院長和教務長。我發表演說時，他們一臉嚴肅地坐在觀眾席第一行。演說完畢，三人帶我到院長室。我在那裏獲贈一杯雪利酒，以及一張一鎊一先令的支票。

令我最感自豪的，是成為史上首個在香港出生的華人，以及第一個香港大學畢業生獲此殊榮。

複雜的手術可能會導致短暫的腎功能衰竭。在腎功能恢復前，醫生要用洗腎機協助病人排出新陳代謝中產生的有毒廢物。1963 年，得到扶輪社捐助，瑪麗醫院得以為它的外科部門購置一部洗腎機；而我亦成為香港史上成立和管理洗腎部的第一人。這個單位在余宇康教授的協助下其後擴展到為慢性腎衰竭病人提供慢性透析服務。

醫生的天職是拯救生命，但身為透析（洗腎）部主管，我扮演的角色更像上帝。一個末期腎衰竭病人每週要洗腎兩至三次。接收其中一個病人，意味着要把很多其他病人拒諸門外。

問題是誰人應該得到洗腎的「優待」。這是艱難的決定。試想像以下情況：兩個患腎衰竭的病人同時前來求診，由於設備所限，我們只能接收其中一人。病人的生死決定在你的一念之間，你可以是他的「再生父母」，也可以是他的「劊子手」。再想像一下：35 歲的病人甲養家糊口，妻子三個月前剛誕下男嬰。50 歲的病人乙單身，沒有家庭責任。兩人皆在經濟上對社會有貢獻，但我們只能多收一個病人。你會怎樣抉擇？

你當然可以要求多添置一部洗腎機，但瓶頸的情況

總會出現。有多少部洗腎機也好，也不會及得上病人那麼多。你可以做的是咬緊牙關，盡你所能作出負責、明智和公平的決定。事實可能證明，你的判斷有誤，或者有人不悅；但你問心無愧，可以睡得安寧。

外科手術的發展不會停步，因此外科醫生也要努力不懈，為病人提供更好的治療。

1954 年，換腎手術成功的消息為我們揭開了全新一頁。此後，我們可以治理更多腎功能失常的病人，給他們一個全新的、功能正常的腎臟，讓他們過更好的生活。病人再不用每週洗腎二至三次（每次四至五小時）。現在他們可以如常生活，到哪裏去也無需「一機同行」。

換腎手術對我們全然陌生，於是我們又回到動物實驗室，用狗來做試驗，以改進我們的技術。

在 1969 年，如果有人告訴你，你會是香港第一個接受換腎手術的人，你會興奮莫名，還是憂心忡忡？你會否懷疑自己是「白老鼠」，擔心手術會出問題？新的腎臟功能會否正常？手術後是否可以過正常生活？更糟糕的是，你根本無法知道手術何時進行——一切皆取決於捐腎者。在那個手提電話尚未發明的年代，你為了第一時間收到通知，不得不經常待在家中的固網電話附近。一找到有可能的捐贈者就立即趕到醫院，卻往往由於其家人反對而空歡喜一場。

第一代洗腎機

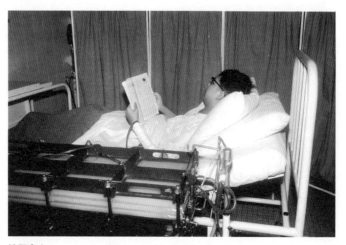

洗腎病人

　　對捐贈者的家人也是困難的決定。設身處地為他們想想：女兒早上喜孜孜出門，還說會回家吃晚飯。中午時分，警方卻通知你，女兒遇到交通意外，正在醫院搶救，情況危殆。你趕到醫院，醫生告訴你他們無能為力。你苦苦哀求，就在你陷於絕望之際，一羣醫生走過來，問你是否願意在女兒死後把她的腎臟捐出來，救另一個人的生命。你失控大叫：「我關心的只是我女兒的生命！」那一刻，你禁不住想，這些醫生乘人之危，他們既然想要你女兒的腎臟，又怎會盡力拯救她的生命？

　　醫生的處境同樣難堪。為病人成功換腎也許是值得引以為傲的成就，但對做移植手術的醫生來說，捐腎者的至親同意捐贈才是挑戰的開始。上世紀六十年代，社會大眾不當腦死亡為真正死亡，醫生要待病人的心臟停止跳動後才可切除他的腎臟。

　　問題是心臟一旦停止跳動，供應給身體器官的血液亦會停止，器官在短時間內就會受損。換言之，醫生必須打醒精神，一刻也不得離開捐贈者。捐贈者的心臟一停止跳動，醫生就要馬上為其進行心肺復甦法，更一刻也不能停下來，直至把捐贈者推進手術室、把其腎臟切除和處理好為止。這一切，都是在捐贈者家屬在場目擊的情況下進行，過程足以令人心力交瘁。

　　可是，當醫生把血管縫合起來，鬆開鉗子一刻，那種

與港大醫學院同學

亢奮、愉悅和滿足，是無可比擬的。捐贈者的腎臟慢慢變
成粉紅色，手術室的所有人，包括外科醫生、助手、麻醉
師、擦手護士和流動護士，都屏息以待。五分鐘後，見到
捐贈者的輸尿管開始蠕動，第一滴尿液排出來，象徵新生
命的開始。

　　1969 年 1 月 8 日是香港醫學史上重要的一天。當天
香港大學外科部在瑪麗醫院成功進行了本地首宗換腎手
術，我是手術團隊的一員。

　　我們收到指示要保持低調。外科學系系主任王源美教
授叮囑我們，不要宣揚此事。我們遵從指示，不發一聲。
一如所料，王教授以系主任的身份在手術翌日早上召開記
者會。以下節錄自瑪麗醫院當天的新聞稿：

昨天晚上，瑪麗醫院成功進行了一宗腎臟移植手術。接受腎臟移植的病人姓吳，自 1968 年 9 月在本院留醫。

捐出腎臟的 19 歲女孩昨天離世，此事得到她父母同意，並以書面作實。

既有成功的先例，對器官移植手術的興趣自然大增。爭取器官捐贈的「長期鬥爭」亦揭開序幕。為此，我創立了香港腎臟學會及香港腎臟基金會。

醫學界磨拳擦掌，想進行更多腎臟移植手術。畢竟洗腎只能活命，換腎才可令病人重過正常生活。可惜市民大眾不是這樣想。

市民對捐贈器官抗拒，這種心態不難理解：

- 根據傳統的迷信觀念，死無全屍的人會被打進第七層地獄；

- 很多人以為一旦同意死後捐贈器官，遇到意外便不會得到醫務人員全力搶救。

這些錯誤觀念只能通過教育糾正。我們展開全港宣傳運動，呼籲市民把簽署好的捐腎卡放入銀包隨身攜帶。可是，市民的反應並不熱烈。

新加坡、西班牙和北歐多國的經驗顯示，實施「選

擇不捐贈器官制」能大幅增加屍體器官的捐贈。在此制度
下，除非簽字反對，否則所有人皆被當成願意在死後捐出
器官。「選擇不捐贈器官制」的意思，就是在有生之年的
任何時候有權說不，選擇不捐贈自己身上的器官。

為使這個制度更廣為人知及測試公眾反應，我在立法
局提出就此議題進行辯論。出乎我意料之外，制度遭到多
方反對，原因是它違反人權。

這令我百思不解。既然說不的權利與你常在，違反人
權的指控如何成立？

以新加坡為例，實施「選擇不捐贈器官制」之後，願
意捐贈器官的市民大增。他們心想，既然總是可以選擇不
捐贈，又何妨選擇捐贈？

後來，有關捐贈和移植肝臟與心臟等器官的成功個案
愈來愈多。影響所及，政府與扶輪社和香港腎臟基金會等
民間組織紛紛展開器官捐贈運動。可惜市民的反應仍然差
強人意，原因有二：

- 這些運動缺乏可持續性；

- 資料顯示，活體捐贈者的發病率和死亡率頗低，
  而病人的家人和善心人往往願意幫忙，特別是捐
  贈肝臟作移植用途。

　　近來「選擇不捐贈器官制」再被熱議。今天比以前更政治化，甚至泛政治化的社會能否心平氣和地討論這個議題，並不樂觀。

　　法律是器官捐贈另一個要克服的障礙。有意捐贈器官的人即使早已把所需文件簽好，也未必能如願以償。在法律上，人死後的遺體屬其至親所有；而其至親不一定會遵從他／她的遺願。是故，有意在死後捐出器官的人必須將其意願清楚告訴至親，並囑咐他們必須遵從。

第二章

還是家裏好

在香港將泌尿科發展成專科，以及進一步研究移植排斥，一直是我的心願。為此，我接受了中華醫學基金會（China Medical Board）的獎學金，在美國加州大學洛杉磯分校（UCLA）工作一年。我的兩位上司，分別是發現人類白細胞抗原（HLA）的著名移植學家寺崎一郎（Paul Terasaki）教授與泌尿科權威、幽默大師和天才橫溢的鋼琴家約瑟·考夫曼（Joseph J. Kauffman）。

這一年在美國的生活令我大開眼界。美國人的拼勁十足，勤奮過人。病房巡診由早上五時半開始，之後通常是一頓異常豐富的早餐——六層班戟、四隻煎蛋加火腿，以及大量炸薯條。吃過早餐後，我們徹底擦洗雙手和胳膊，準備進入手術室。

來自香港的見習生和研究員在這裏很受歡迎。他們任勞任怨，對把導管插入膀胱等這類簡單的基層工作也從不抗拒。他們多在香港的醫院工作了四至五年，累積了不少經驗和知識。

於美國洛杉磯工作期間

　　美國豐富的資源與繁榮的物質生活皆令人動容。每天
早上五點，六線行車的高速公路兩旁就會出現殺氣騰騰、
馬力驚人的汽車，裏面只有司機，沒有乘客。

　　但與此同時，千千萬萬的美國人連基本醫療保障也欠奉。

　　記得有一次我坐在救護車上四處尋找腎臟作移植用
途。一個似乎心臟病發的人被送上救護車，車上人員為應
該把該名病人送到哪一家醫院而大費周章。跟着我聽到以
下對話：

　　　　他有買保險嗎？

　　　　沒有。

　　　　那不要把他送過來。

　　對方説後立即掛線。

　　美國無疑是機會之邦。我得到很多條件優厚的工作機會，讓我可以在休假後留在美國。考夫曼想我到 UCLA 當實驗外科系的系主任；芝加哥的拉什大學醫學中心聘請我做移植外科醫生；來自中西部哥倫比亞的泌尿科教授伊恩・湯普森（Ian Thompson）邀請我到佛羅里達州一所新成立的大學做他的二把手。這些工作機會全都可以讓我成為美國公民。可是我志不在此，我婉拒了實驗室的工作，因為我深信我註定要為病人做手術。實驗外科有其重要性，醫學上的突破往往源自實驗室的研究。但我最熱衷的卻是醫治病人，這亦會是我的終身事業。

　　我也推卻了芝加哥的高薪厚職，因為受不了當地的強風和寒冬。也許我去面試的時間不對——11 月底的芝加哥天氣最惡劣。到佛羅里達州工作的機會沒有兌現，因為很不幸，湯普森博士心臟病發，之後身體狀況大不如前。不過，關鍵是我對祖國和我視為家鄉的香港感情太深厚，根本不會認真考慮在其他地方落地生根。在外國，也許我可以名成利就；但我的根在香港，我的抱負是醫治香港人和中國同胞。我去美國是為了做一個更好的外科醫生，為香港人和同胞提供更好的治療。在外國生活，我忍受不了被人當作二等公民。

　　在亞洲四小龍當中，香港當年在經濟發展的多個領域，逐漸被新加坡、南韓和台灣迎頭趕上；但香港在醫療

服務與醫學發展上仍然居首，並非偶然。香港有兩家醫學院，其中香港大學的醫學院歷史悠久。我們採用行之有效的英國制度培訓全科醫生，醫學界享有高度的專業自主。本地醫學院的科研水平與學術排名，跟國際的醫學院比較有過之而無不及。事實上，新加坡和馬來西亞很多執業醫生，皆於香港的醫學院畢業。

上世紀七十年代末期，我終於有機會以我的醫學知識和專業技能服務香港和祖國。當年香港的醫療系統已經發展得不錯，但 40 公里外的葡萄牙殖民地澳門卻瞠乎其後。

有見及此，我答應澳門鏡湖醫院的管理層，協助他們成立外科部門。每逢週末，當我完成診所的工作後，就會乘搭水翼船前往澳門。約個半小時後，在碼頭等候的專車便會送我到鏡湖醫院做手術、演講或就成立外科部與如何改善手術室設備等事項提供意見。

如此奔波，可幸的是柯麟先生與霍英東先生領導的董事局對我信任有加，院長梁志輝醫生和我的二把手陳汝啟醫生亦非常能幹。我有時會在週末當晚返港，有時會於週日下午回程，視乎工作需要。在 1978 至 1987 年期間，以上成為我每個週末的例行公事，後來則改為一個月一次。

這樣港澳兩邊走雖有點累，但也值得。我們成立了一個設備雖簡陋但全心服務澳門人的外科部門。遺憾的是

與澳門鏡湖醫院陳汝啟醫生

40 年後的今天，鏡湖醫院外科部的水平仍有待提升。澳門的博彩及娛樂事業不遜賭城拉斯維加斯，但醫療制度卻有待提升。

新中國自 1949 年成立以來，曾經長期閉關自守。文化大革命與「四人幫」造成的破壞更不待言。結果，1979 年的中國，在醫療制度與衛生水平方面，較之香港等先進城市落後足足 40 年。

1979 年，我應中山大學邀請，赴廣州進行「經尿道前列腺切除手術」(TURP)。我帶着一部全新的電切鏡抵達廣州白雲國際機場，準備送給大學做見面禮。當我步入醫院的手術室，發現這間擠滿了觀眾的房間竟然沒有空調。

我更要親手調校那個用來做手術的保威電療器。然而，這一切無礙手術的成功。

晚宴過後，我拿着一杯茅台酒與醫院的首席外科醫生傾談。我問他，TURP 這個手術在香港和世界很多地方早已不是新鮮事，為何在中國卻是創舉？

原來幾年前一位來自美國的外科醫生，曾經在廣州做過這個手術。病人其後死亡，雖然死因與手術無關，但政府還是禁止進行這個手術。

我大吃一驚。香港人視為神聖不可侵犯的專業自主竟然成為政治和行政方便的犧牲品。那一刻我下定決心，要在香港主權易手的過渡期竭盡所能，維護醫學界在九七之後的專業自主。這成為了我賦予自己的使命。

之後不久，我收到邀請前往泉州。雖然有語言隔閡，但我還是接受邀請。這次我先搭船到廈門，然後再乘四小時車到泉州。到達的時候，黨委書記與市長帶領二三百人站立鼓掌。跟着的一幕令人心酸：等待我為他們做檢查的，是約 40 個前列腺發大的病人，他們的尿液由簡陋的導尿管排出。導尿管連接着安全套，以模擬氣球保持外型。其中很多病人的膀胱更出現結石。

這個情景令人不忍卒睹。在香港人受惠於先進醫學與外科技術的同時，內地同胞卻飽受「石器時代式治療」之

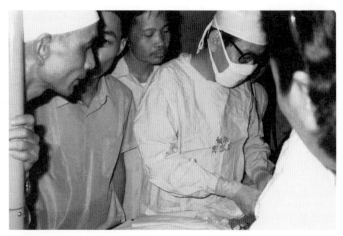

泉州手術示範

與吳德誠醫生於首都醫院（今北京協和醫院）

苦。那一刻我下定決心，為內地同胞竭盡我作為外科醫生的一己之力。這成為我日後的奮鬥目標。

其後我應邀前往北京和上海，令我有機會加深對新中國的認識。同時，我與被稱為中國泌尿科之父的吳階平醫生，及其當時任職於協和醫院（當時的首都醫院）的姪兒吳德誠醫生建立友誼，並合作做換腎和碎石手術。

當年我不時到國內演講，其中一次到烏魯木齊的印象特別深刻。1981年1月，我在廣州搭飛機往烏魯木齊。經過六小時的延誤之後，飛機終於起航；但在空中不久，機師卻宣佈由於時間太晚和天色太黑不宜飛行，航機會在蘭州降落。1981年的蘭州機場破落偏僻，距市中心超過70公里。由於下大雪，到烏魯木齊的航班全部取消。我們被迫在蘭州機場度過整整四天。

這四天沒法更衣沐浴的生活不足為外人道。滯留機場的乘客大多是維吾爾族人和回教徒，他們只吃「受過祝福的食物」。於是，機場只供應熟雞蛋這種食物。我在那四天吃了多少隻雞蛋早已不堪回首，但到今日仍然猶有餘悸。

每次到內地演講和做手術，我總會帶一道電切鏡和50支導尿管，送給接待我的主人家做禮物。不久前，我因愛滋病的工作往蘭州一行，發現當地的機場設備先進，

於蘭州機場

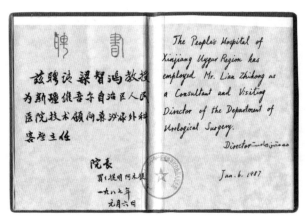

烏魯木齊政府的聘書

令人讚嘆。我因而無法「重溫舊夢」。

　　這反映了中國自鄧小平大力推行改革開放以來的飛躍進步。再舉一例，中國目前擁有全球最先進的高速公路和鐵路系統。沉睡的巨人已經醒來。

第三章

從主權到專業自主權

隨着九七漸近，香港人愈來愈忐忑不安。共產黨管治的香港會是甚麼樣子？香港人會否失去自由？香港人的出入境自由會否受到限制？這些疑問同樣困擾醫學界。很多業界人士嘗試循不同途徑取得外國國籍，加拿大、美國和澳洲是他們的首選。「太空人現象」在當時愈來愈普遍，所謂「太空人」，泛指那些在香港賺錢養家，而把家人留在外國「坐移民監」的丈夫。據説醫學界有人一次過買了52張從香港去澳洲的來回機票，以賺取大量折扣。他們的一貫做法，是在週五乘夜機由香港出發，週日晚上返抵香港，週一如常上班。有些更會包機往悉尼、墨爾本和坎培拉，以配合這些城市為執業醫務人員註冊的日期。當新加坡公佈投資移民方案後，市民湧至香港的新加坡領事館了解詳情；就連中美洲國家的護照也奇貨可居。

香港人本應有英國子民的合法權利，但英國政府拒絕履行責任，令人失望。距香港40公里的葡國殖民地澳門，跟香港一樣回歸中國；但葡萄牙跟英國不一樣，她似乎想

也不用想，就決定給澳門人葡萄牙的公民身份。英國政府願意給港人的，僅是一本英國國民（海外）護照或英國海外領土公民護照。此等旅遊證件不會給予香港人英國或任何地方的居留權。

在主權移交中國前夕，很多香港人覺得被英國出賣，並非無因。

我們趁英國外相賀維來港向港人「推銷」《聯合聲明》時，成立一個名為「路」（ROAD，Right of Abode Delegation 的縮寫）的組織，為香港人爭取居英權。我們清楚根本沒有成功的機會，只想世人知道香港人的遭遇和處境。組織的成員不少在今日仍然熱心為社會服務，例如律師葉天養、財經界人士袁天凡、前立法局議員鄭經翰、鄧國楨和我本人。

身為立法局議員，我多次親赴倫敦遊説英國政府給予港人居英權。然而，我很快就明白，英國外交部憂慮的不是香港人，而是怕此先例一開，來自非洲數以百萬計的前英國殖民地子民會湧入英國。

歷史證明有關香港的憂慮是杞人憂天。中國要「一國兩制」在香港成功實踐的決心不可動搖。香港政府簽發的特區護照不但是港人居港權的保證，更為港人提供極大的旅遊方便，至今已經有 162 個國家和地區豁免特區護照持

有人的旅遊簽證。

我擔心的是卻另一些問題。我一直深信，醫學界必須毫不含糊地捍衛它的執業水平和自主權；而且只有專業人士才應有資格評定他們向公眾提供服務的專業水平。不要誤會，專業自主不是扼殺競爭的保護主義，而是任何專業在追求卓越的過程中必須具備的條件。

只有醫生才有資格判斷醫生對病人提供的服務是否合乎水平。只有醫生才有資格判斷，五年的專業訓練是否足以將一個醫科生培養成醫生。一如只有機師才可判斷一個新人是否有資格駕駛飛機。機師不會教醫生如何診治病人，正如醫生也不會教機師如何駕駛飛機。基於同樣的邏輯，專業的水平不可由政府評定。

回歸前，是由醫務衛生署署長任主席的香港醫務委員會負責評定醫生水平。委員會的成員包括英國醫學會（香港分會）的代表與英國武裝部隊的醫護人員。

這在兩方面不對勁。首先，評定專業水平的醫務委員會由政府官員領導，意味着有時為了行政上的方便，會犧牲專業，這有違專業自主的精神。

其次，香港主權易手後，英國醫學會和英國武裝部隊將不會擔當任何角色。是故，醫務委員會的組成必須改動，《醫生註冊條例》也要修訂。兩件事情皆刻不容緩。

醫務委員會升格——修訂《醫生註冊條例》

在我當選為立法局議員後，馬上動議修訂《醫生註冊條例》，由一位經由選舉產生的委員取代醫務衛生署署長擔當主席，目的是提升醫務委員會的自主性。這個動議得到時任港督兼立法會主席衛奕遜支持，最後順利通過。

比以上更困難的是將英國醫學會從醫務委員會的成員中除去。為此，我競逐英國醫學會（香港分會）的主席一職。我是英國醫學會的新人，對手李福權醫生人脈深厚、廣受尊敬。這本是強弱懸殊之戰，卻由我勝出了。於是我一人兼任香港醫學會與英國醫學會（香港分會）的主席，並因利乘便，說服英國醫學會在香港的成員及其在英國的上級組織放棄他們在醫務委員會的席位。至於英國武裝部隊的代表亦從委員的名單中除去。這些改革為修訂《醫生註冊條例》奠定了基礎。

這場勝仗意義重大。醫務委員會自此由在本地註冊的醫務人員組成，成為全然自主的專業組織。醫學界的專業運作，則由代表公眾的非專業成員監察。這是專業委員會其中一個重要職能，我會在第六章詳加討論。

專業自主

專業自主涵蓋的不只是專業守則，它保障香港專業人士以個人身份加入國際專業組織，以及香港的專業組織代表香港加入國際專業組織的權利。這適用於所有的專業界別。回歸前，香港以獨立身份出席國際會議已成慣例。在國際專業組織的認知，香港可以全權代表自己。我們以專業水平、英語能力，以及與國際專業組織的長期聯繫，贏得國際社會的尊重。

這得來不易的獨立，對香港在九七後繼續發展她的國際網絡至為重要，也將有助中國的專業團體取得國際認可和接納。

舉個例子，中華醫學會是中國官方的醫學組織，它獲世界醫學會接納為會員，跟香港大有關係。

1982 年，世界醫學會的週年大會在香港舉行。我以香港醫學會主席的身份，借此機會推薦由吳階平醫生領導的中華醫學會加入世界醫學會。

專業自主對香港及每一個專業的發展太重要，必須寫入《基本法》作為保障。

這個責任落在基本法諮詢委員會各個專業界別的代

表，包括法律界的葉天養和張健利、建築界的何承天、規劃界的馮志強、測量界的 Michael Mann、牙醫界的曾翼生、工程界的何鍾泰、會計界的黃匡源及我本人。在基本法委員會成員及與北京關係良好的鄔維庸醫生帶領下，我們多次到北京拜訪姬鵬飛及李后，向他們重申專業自主的重要性。我們強調，專業自主絕對符合「一國兩制」的精神。

從《基本法》的以下兩條條文可見，我們的努力沒有白費：

第一百四十二條

　　香港特別行政區政府在保留原有的專業制度的基礎上，自行制定有關評審各種專業的執業資格的辦法。

　　在香港特別行政區成立前已取得專業和執業資格者，可依據有關規定和專業守則保留原有的資格。

　　香港特別行政區政府繼續承認在特別行政區成立前已承認的專業和專業團體，所承認的專業團體可自行審核和頒授專業資格。香港特別行政區政府可根據社會發展需要並諮詢有關方面的意見，承認新的專業和專業團體。

第一百四十九條

　　香港特別行政區的教育、科學、技術、文化、藝術、體育、專業、醫療衛生、勞工、社會福利、社會工作等方面的民間團體和宗教組織可同世界各國、各地區及國際的有關團體和組織保持和發展關係，各該團體和組織可根據需要冠用「中國香港」的名義，參與有關活動。

　　醫學界面對的另一挑戰，是專科醫生的培訓和認可。香港自 1841 年即屬英國殖民地，其醫療教育與衛生制度自然以英國為馬首是瞻。大學訓練的是全科醫生，學生畢業後理論上能醫百病。他們醫治的是人多於病。

　　然而，醫學設備和技術日新月異，沒有人可以統統掌握。於是，專科發展是無可避免的大趨勢。但醫科畢業生如何可以成為專科醫生呢？當然是透過有系統的訓練和嚴謹的資格認可程序！最高水平的醫療服務不僅是市民所想，也是醫生對自己的要求。

　　在上世紀九十年代前，香港並無提供任何有系統的醫學專科培訓。醫科生的專科之路通常是這樣的：畢業後在公立醫院選擇一門有興趣的專科做二至三年，到累積了足夠經驗和知識後，到英國或其他英聯邦國家考取相關的皇家學院專科試。及格的話，就會成為皇家學院專科學院的

院士，回到香港就會「升格」為不同專科的顧問醫生、外科醫生、婦產科醫生、小兒科醫生或放射師。說來諷刺，當年就連那些皇家學院的專科，也沒有要求申請做會員的人接受任何有系統的專科訓練。

我就是這樣在 1965 年取得「外科醫生」的資格。1962 年 7 月，我於香港大學醫學院畢業。三年後，我已經通過考試成為愛丁堡及英倫皇家外科醫生學會會員。

香港主權即將易手，令我們如夢初醒。我們最關注以下三個範疇：

- 回歸後香港既然不再是英國殖民地，便不可能再以英國做學習榜樣，及倚賴其組織審定醫生的專科資格；

- 我們需要自行設計培訓課程及審定資格的程序，確保香港的專科醫生合乎國際水平；

- 專業自主的原則必須堅守。

換言之，我們不僅要為醫生設計一套達專科培訓水平的標準課程，同時要成立一個組織制定和教授這個課程，最終令專科醫生的註冊成事。

香港醫學專科學院

最初的構想是成立多間專科學院,再由它們自行決定培訓標準和審定課程。按照這樣的安排,每間學院各自為政,互不相干。

這意味着起碼要成立 30 間專科學院,但這麼多學院,如何將培訓的標準正規化?更遑論會造成行政上的混亂和令公眾質疑。

最後,問題以理性的方式解決。大家同意,各個專科應有其獨立學院,但同時需要成立一個統籌組織,監察學院的運作及制定學術水平指引。香港醫學專科學院的構思由此產生。

我們同時達致以下共識:

- 香港醫學專科學院為法定機構;

- 學院的職責是制定及確立醫學界的專科水平,既是如此,它必須聽命於醫學界,以符合專業自主的原則。

《香港醫學專科學院條例》(第 419 章)於 1992 年 6 月 25 日通過成為法律,並於同年 8 月 1 日正式生效。草案在立法局二讀期間,我以代表醫學界及牙醫專業的立法局

議員身份，作了以下發言：

> 副主席先生，醫學專科學院的成立，宣佈
> 各專科學院將根據草案的規定開設各自的培訓課
> 程。醫學專科學院作為法定機構，亦會負責審查
> 及認可醫科生畢業後再深造的情況。副主席先生，
> 這是醫學及牙醫界一直期盼的事情，我們對此十
> 分支持。

條例的草案規定醫專學院為法定機構。更重要的是，
學院五個領導職位的人選（院長、兩位副院長、義務秘書
及義務編輯）都由醫學界選舉產生。其會董的其他成員皆
為來自各專科學院的當然成員。醫學界的專業自主因而得
到保證。

在香港有執業資格的醫療專業人員，若曾經接受專業
學院屬下分科學院審定的所需培訓，仍要接受評核。若通
過評核，會獲頒該專科學院的院士銜。其後更會被推薦給
醫學專業學院的院務委員會，考慮授予學院的院士銜。

醫學專科學院成立後，《醫生註冊條例》作出了重
大修訂，加入專科醫生註冊的新類別。要註冊成為專科醫
生，需為醫學專科學院的院士，或得到學院的推薦。

醫學專科學院的成立，確保所有專科醫生達到一定的
培訓水平，並通過嚴格的評核程序。這大大加強了市民對

專科醫生的信心。

　　學院目前屬下有 15 個分科學院，校舍座落黃竹坑道的香港醫學專科學院賽馬會大樓。校舍的土地由政府提供，經費來自賽馬會及慈善家的捐贈，包括嘉道理爵士、李嘉誠先生、邵逸夫爵士、利國偉爵士、何鴻燊博士等。

　　專科學院的院士籌款不甘後人，他們以英語演出粵劇大獲好評。學院的創院院長為達安輝教授，本人為副院長（一般事務）。醫學界與牙醫界終於有權設計與審定深造專科培訓的標準，開創香港開埠以來的先河。

　　自 1985 年，立法局議員的產生辦法是地區直選和功能組別選舉。後者常常被批評為小圈子選舉，經這途徑進入立法局的議員亦被指為其代表的狹窄利益服務。實情是，這些議員跟其他獲選的議員一樣，以監察政府的施政和表現為己任，為社會的整體利益服務。

　　我在立法局的工作是好例子。誠然，我要向我代表的功能組別（醫生和牙醫）交代；但我爭取的是香港市民的整體利益。修訂《醫生註冊條例》和成立香港醫學專科學院不只確保醫生的表現合乎指定水平，更給予市民監察醫生表現的權力。功能組別選舉制度的成效取決於獲選進入立法局議員的魄力和眼界，而非制度本身。

　　所謂「歌者非歌」就是這個意思。功能組別議員只

香港醫學專科學院大樓（圖片由香港醫學專科學院提供）

要知所進退，定能幫助政府推動他們所代表業界的發展。
如果他們代表的是醫學界，便要與食物及衛生局局長合
作，提升醫療及衛生服務水平。他們當然要聽取醫學界的
意見，並向市民及立法局轉述，但絕非其功能組別的傳聲
筒。他們必須運用自己獨立、準確的判斷，這是他們對選
民的責任。作為立法局議員，他們有責任為全港市民爭取
利益。

第四章

公共醫療服務的「大變身」

　　香港的醫療制度一向用兩條腿走路——私營和公營服務。私家醫生和醫院按服務收費，它們對病人的吸引力在於能為他們提供充分選擇。病人可根據自己的負擔能力選擇各種服務和不同程度的舒適。從誰人為他們診治和何時接受治療到治療的方法，他們都有權選擇。

　　公營醫療機構提供的服務卻悉數由公帑資助。市民只需支付象徵式的費用（自 2018 年起是每日 120 港元），就可以得到所需服務，包括所需的檢查和治療。如此「價廉物美」的服務是全港市民的福利。政府醫療政策的大原則是「沒有人會因為負擔不起而得不到適當的照顧」。服務的優次取決於病人情況的緊急和嚴重性。對無法在私營醫療系統取得所需服務或根本負擔不起的病人，公立醫院是他們的最後出路和安全網。

　　難怪市民對公營醫療服務的需求長期處於高水平。政府在預算案中用於醫療的撥款非常可觀，並且每年增加；但政府的資源有限，市民的需求卻難以滿足。結果，公立

醫院仍然「有求必應」，但市民輪候的時間卻愈來愈長，選擇也愈來愈少。求診者不可以指定誰人為他們提供服務，因為服務是由一整支醫療團隊提供。他們也不可以選擇何時接受治療。

無論如何，市民對公立醫院提供的服務本應心存感激，但事實並非如此。他們反而滿腹牢騷。等候醫生接見的時間過長，等候入院接受治療的時間更長。醫院的環境不理想，擠迫的情況嚴重，病人有時要睡摺疊牀。員工不開心，服務態度亦有待改善；他們工作壓力大，但晉升機會少。繁重的職務令他們沒有機會接受深造和培訓。在這樣的環境下，不少人萌生去意。再加上在私營醫療市場提供服務的收入豐厚，難怪當年公立醫院的員工流失率驚人。例如在 1988 年，公立醫院的平均員工流失率高達 18% 至 23%。政府的醫療開支龐大卻動輒得咎，難免心灰意冷。

公立醫院醫生的不滿，在 1988 年第二屆立法局選舉前夕，終於累積到臨界點。在楊永強、高永文、何兆煒和馮康的領導下，他們聚眾示威，聲言要罷工或按章工作。諷刺的是，這批與政府對着幹的「反叛者」，不少後來加入政府，為政府的政策護航。楊永強是醫院管理局的首任行政總裁，其後出任衛生福利及食物局局長。高永文先是醫管局高層，其後出任食物及衛生局局長。何兆煒是醫管

局第二任行政總裁。馮康則為醫管局的新界東醫院聯網總監。

當時我出選立法局，政綱是醫療改革。同時，我反對醫務人員採取「工業行動」。這不但影響醫學界的聲譽，更損害病人權益。我憑着我的信念，贏得立法局議席。

簡言之，以管理政府部門的方式提供醫療服務不夠靈活、作風官僚，並且對成本效益漠不關心。

醫院管理局

政府當時確有求變之心。一個週末早上，我在中環今天早已拆卸的富麗華酒店，與布政司霍德及衛生局局長周德熙開早餐會議。會上我們取得以下共識：

- 即時增加公立醫院的高級職位空缺（顧問醫生與高級醫生）；

- 採納澳洲顧問公司（永道會計師事務所）的改革原則，並成立臨時醫院管理局監察它的執行和落實情況。

當時鍾士元爵士獲委任為臨時醫管局主席，我作為代表醫學界功能界別的立法局議員是當然成員。我們的職責是為臨時醫管局制定架構、探究不同醫院應如何運作、與公立醫

院的員工接觸和溝通、跟兩所大學的醫學院對話及安排政府的撥款，以及確保改革符合醫務人員與香港市民的最大利益。

與鍾士元爵士共事是我的榮幸。鍾爵士沉穩可靠，喜歡實幹而不是空談，並深明政治乃妥協的藝術。他的專業是工程師，但同時是優秀的管理人才。作為行政立法兩局議員多年，鍾士元曾與多任港督合作。醫管局構思成熟之時，他已經年過七十。政府找他做臨時醫管局主席，他最初以年邁為由一口拒絕。當時的港督衛奕遜沒有放棄，經過多次嘗試，他終於說服 S.Y.（鍾士元英文名字的縮寫）接受任命。S.Y. 誓言全力以赴，因為這會是他的「最後任務」。

事實證明他並無虛言。這位香港的政壇長春樹仍然敏銳過人。他下定決心，將公立醫院從作風官僚的醫務衛生署手上搶過來，然後幫它進行「大變身」。

他雖然是主席，但凡事親力親為，經常擔當行政總裁的角色。他提出很多建議，然後以清晰視野和勇於承擔的態度將建議一一落實。他細讀所有呈交討論的政策文件，又詳閱每次會議的紀錄。他徵詢成員的意見，然後毫不客氣指出他們的錯誤。他好辯，因為他常常是對的。他不會錯過任何一次會議，並且永遠準時。由於他據理力爭和鍥而不捨，政府批准醫管局的資助政策，又答應兌現員工的彈性消費賬戶。沒有他高瞻遠矚的領導，以及與政府的良

與鍾士元爵士（中）及臨時醫院管理局成員（圖片由醫院管理局提供）

好關係，醫管局沒可能有今天的發展。

很多人以為政府成立醫管局，目的是改革醫療政策，這是誤解。政府的目的是改革公立醫院的管理，將所有公立醫院（包括政府醫院與慈善機構經營的補助醫院）從政府部門的體系中轉出來，放到一個法定機構的手裏，並透過每年的定額撥款，全數由政府資助（過了很久公立醫院的門診服務才一併交給醫管局管理）。

這樣規模的改革當然不容易成功。它的構想很多人會欣然接受，實踐起來也許會造福人羣，但魔鬼總藏在細節中。

但我們總要迎難而上。我們的任務有多艱巨，從以下一些要解決的棘手問題可見：

- **政府為醫管局制定預算，應根據甚麼原則？**

最初的建議，是醫管局獲分配的預算不多於醫管局成立前。這個建議不能接受，因為「不多於」可以是「少於」。我的反建議是預算「不少於醫管局成立前」。最後獲接受的原則是「醫管局獲分配的預算與醫管局成立前相若」。

- **員工會得到甚麼不同的待遇？**

成立醫管局的其中一個原因，是員工的流失率太高，特別是醫護人員。成立醫管局是要「吸引、留住和激勵」員工。可是，在資源緊絀、不獲額外撥款的情況下，又如何能做到？我們仔細分析員工的薪酬，發現他們的待遇除了人工外還有福利。

以顧問醫生為例，福利的部分佔人工 110%。倘若將他們的非必要福利，例如子女海外教育津貼和非部門宿舍兌現成現金等，他們的工資淨收入會大幅增加。顧問醫生的人工會增加六成（彈性消費賬戶）。換言之，他的工資淨收入會即時增加 160%。這會有效減低流失率。

- **如何處理人事變動？**

　　公立醫院的員工分兩類：在伊利沙伯醫院和瑪麗醫院等這些政府醫院工作的員工是公務員，享有包括長俸的一切公務員福利。補助醫院的員工（由東華、明愛、仁濟、佛教和瑪利諾修女等慈善機構管理，由政府資助）則為慈善機構的僱員。

　　兩類員工的待遇不同，他們會接受醫管局提出的聘用條件嗎？可以預期，補助醫院的員工大多願意接受。政府醫院職位較低的員工也會覺得經調整後的工資淨收入吸引。但總會有政府醫院的員工不想失去長俸，特別是即將退休的高級職員。我們最後的妥協，是所有新入職員工都以醫管局提出的條件聘用。

　　已入職員工可以選擇繼續以公務員的條件受聘，直至退休為止。在調職到醫管局工作期間，他們作為公務員享有的所有福利不變。政府會成立醫院事務署專責處理。

- **如何處理補助醫院董事局的「困境」？**

　　補助醫院又應如何處理？在醫管局接手前，這些醫院的管理由慈善機構的董事局負責。醫院的全體員工皆受僱於董事局，而醫院的管理層也直接向董事局負責。補助醫院經醫務衛生署署長收到政府的撥款。醫管局成立後，政府將以撥款給公立醫院的方式資助這些醫院，醫院的管理

層亦會直接向醫管局的行政總裁負責。

再一次，問題以互諒互讓、理性的方式解決。慈善機構的董事會以醫院管治委員會成員的身份，制定醫院的政策方向。那即是說，這些慈善機構的使命、習俗和文化得以保存。醫院的管理則由醫管局負責。

公立醫院的改革是否應該一次過進行？在差不多同一時間改革公立醫院管理制度的新加坡，採取逐一改革的比較保守的做法。

在鍾士元爵士的領導下，醫管局果斷地決定一次過為公立和補助醫院引進新的管理制度，涉及 44 間醫院與超過 53,000 名員工。

政府處理好各持份者的憂慮和關注後，提出了《醫院管理局條例》。條例於 1990 年通過成為法律後，醫管局成為法定機構。鍾士元爵士獲委任為主席，我被委任為成員。我們磨拳擦掌，準備將我們的理想付諸實行。

醫管局提出四大原則：

- 醫管局雖來自政府部門體系，但決心摒棄官僚主義；

- 公立醫院提供的服務，將透過完善的管理達致符合成本效益的原則；

- 公眾將有機會參與公立醫院的管治與制定政策;

- 顧問醫生與高級護士從今要負起管理職責。他們成為要履行服務承諾的預算持有人。高級職員將有兩道階梯,可以管理人或專業人士身份晉升。這最終導致醫院管理人才的需求大增。

事實證明我們的判斷正確。公立醫院的管理煥然一新,員工士氣大振,市民的怨氣銳減。為讓市民參與制定醫管局的政策,我們委任地區領袖,以及具備專門知識或技能的市民加入醫管局董事局、區域諮詢委員會和醫院的管治委員會。由於改革成功,愈來愈多市民從私家醫院轉到政府醫院,以享用其物超所值的服務,致使公立醫院應接不暇。醫管局成為「成功的受害者」。

醫管局成立,亦為整體醫療服務帶來意想不到的收穫。由於缺乏競爭,香港的私家醫院一直不思進取、故步自封。醫管局成立之後,公立醫院的服務水平突飛猛進。私家醫院面對新的競爭,不得不抖擻精神,着手改善設備和服務。

香港的公共醫療制度傲視全球。它收費廉宜、方便使用和一視同仁。背後的理念是:「沒有人會因為負擔不起而得不到適當的照顧」。

不論貧富,所有人都可以得到全面、優質和政府大量

補貼的醫療服務。這樣來者不拒、近乎慈善的醫療制度容易被濫用。對政府來說，這是用有限資源滿足無限需求的無底深潭。

醫療制度是香港人的驕傲，但這樣下去它必定無以為繼。該是時候全面審視公立醫院的營運哲學和醫療的融資問題。香港市民對於唾手可得、高效率和達到世界級水平的醫療服務已經習以為常。任何公共醫療制度的融資改革，都會被視作從市民的口袋拿錢。

難怪過去 20 年來，有關的改革建議總是「只聞樓梯響，不見人下來」。較近期的建議，是鼓勵負擔得起的市民購買醫療保險。有醫療保險的保障，他們就可以到私家醫院或私家診所求醫，糾正公營與私營醫療服務的失衡。

然而，魔鬼總在細節中，很多問題先要解決。例如保險業要與醫學界達成協議。保險業為市民提供服務，但基本上它追求的是利潤。醫學界最關心的，應該是病人的權益與福祉，將病人的需要放在首位。換言之，兩者的優次大大不同。

要理性地解決這個問題，先要就一些基本原則取得共識：

- 為市民提供醫療服務，是政府不可推卸的責任；

- 公帑應用來幫助真正有需要的人。

根據這兩大原則，我們的醫療制度是否應該界定為「安全網」和「有能力的人應支付全部或至少部分費用」？應該考慮「有目標的補貼」制度的可行性嗎？

讓我解釋一下。我相信，很少人會反對為年邁和貧窮的人提供最大程度的補貼，即使他們需要治療的只是如感冒般的小問題。這是實踐「沒有人會因為負擔不起而得不到適當照顧」的原則。

但為所有人的「頭暈身熱」提供補貼，包括有負擔能力的人，卻完全是另一回事。只有當他們患重病，需要長期治療或最先進的技術，可能因此耗盡積蓄時，這些人才應該得到援助。

我提出「有目標的補貼」這個建議已經好幾年，卻從未被認真看待。原因很簡單，當權者認為這個建議太難實行和管理。但世上無難事，只怕有心人。説到底，這是政治意志與決心的問題。

九十年代初，我以香港代表團成員的身份，到新加坡考察當地的醫療制度。我跟獅城的衛生部長私下見面之後，明白了一個道理。他告訴我：「在新加坡，沒有東西是免費的。所有人都要按能力付費。在香港，所有東西都是免費的，更被當成理所當然。」這就是兩地的分別。新加坡正在試驗「有目標的補貼」的概念。

改革醫院急症室

香港公立醫院的急症室永遠「人山人海」，尤其是在週末、週日和公眾假期。情況更一年比一年嚴重。調查顯示，多達 60% 急症室病人的病情並不緊急。很多人去急症室求診只是要醫治傷風、胃痛、頭痛和失眠。那即是說，急症室的服務被嚴重濫用。原因很簡單：

- 急症室的服務時間是每星期七天，每日 24 小時，包括公眾假期；

- 完全免費；

- 提供一站式服務——會診、簡單的檢查（驗血、驗尿和照 X 光）和治療；

- 很少全私人執業醫生會在晚上、週末、週日和公眾假期提供服務。

在這樣的環境下，急症室自然成為無論大小病也樂於前往求診的地方。

我曾經帶領一批立法會議員探訪東區尤德夫人那打素醫院的急症室。當時大約是晚上八時，急症室正忙得不可開交。有病人前來登記，並拿了個登記號碼。護士告訴他可能要等上三個小時。他回答說：「不打緊，我有點頭痛

擁擠的醫院急症室（圖片由醫院管理局提供）

又睡不好，便走過來看醫生。剛巧我要去外科病房探病。這是我的手提電話號碼，輪到我的時候打電話給我吧！」

這是明目張膽濫用急症室服務，令醫護人員的工作百上加斤。但你可以怪那個男人嗎？他的痛症需要醫治，而當時除了急症室，他實在求助無門。

我做了一個大膽的決定。2002 年我出任醫管局主席，提議公立醫院的急症室開始向非急症室病人收費。一夜間，我改弦易轍，推倒一個歷史悠久、市民早已習慣的不收費政策。我給政府的「開價」是每次 200 港元，最後以 100 港元「成交」。長者和領取社會保障人士可獲豁免。

與何兆煒一同公佈急症室新收費政策（圖片由醫院管理局提供）

我對收費政策信心十足，目的不是收回成立，而是杜絕濫用。收費政策實施首天，沒有示威抗議，沒有反對聲音，連一張表示不滿的橫額也沒有，可說是「西線無戰事」！

可惜反濫用的效果未能持久。由於沒有選擇，市民大多仍然願意從口袋拿出 100 港元使用急症室服務。

第五章

天生的領袖？

我們恭維別人，常常說「你是天生的領袖」；但領袖不是天生的。他是那個迎難而上的人，往往能夠在關鍵時刻作出明智決定，並且願意承擔後果。

我獲委任管理的醫療制度架構龐大，有逾五萬名員工及四十多間醫院。與此同時，在我的醫務所受薪工作的人只有兩個護士和一個秘書。這對我來說是個「大躍進」。

在「天下太平」的時候，做醫管局主席尚算輕鬆——如常處理公務、出席公開場合、做醫院公開活動的主禮嘉賓、說政府愛聽的話；就自然得到表揚和讚賞。

可是，當危機爆發、人心惶惶，情況便馬上逆轉。你要在極大壓力下作出艱難、果斷的決定。作為機構的領導人，你要維護機構的聲譽，以及保障員工的利益；但同時，你要對市民的健康負責。你想見到在危機過後，他們活得比之前更好。

2003 年似乎是風平浪靜的一年。急症室的收費政策

推行順利。香港跟很多已發展的社會一樣，對疫症和大型傳染病的爆發掉以輕心：如流行性肺結核、霍亂、傷寒等傳染病仍未絕跡；但透過為新生嬰兒接種疫苗，乙型肝炎已受到控制。至於愛滋病的感染，在有效的教育宣傳和邊境管制下，從未令人擔心。

港府的注意力集中在與生活方式有關的非傳染疾病，例如腫瘤，以及一連串與人口老化帶來的問題。禽流感爆發引起過慌張，但在受感染農場宰殺活家禽和禁止活家禽出售後，疫情已受控制。

瑪嘉烈醫院的隔離病牀只有寥寥幾張，其他醫院更付諸厥如，可見 2003 年的香港對傳染病爆發缺乏危機意識。難怪當年在香港，傳染病的專科醫生只有數人。

但疫症和傳染病總會死灰復燃，在我們最沒有防備的時候來襲。這個題目，我於 2004 年 10 月 23 日以醫學專科學院院長身份發表的演說有詳細討論。

2003 年春季，有報導（其後證實為真確）指，華南地區有人搶購白醋，用來清洗家居，以防一種呼吸道病毒的感染。香港的衛生部門得悉此事，但並無採取預防措施，邊界亦無檢疫。

同年 4 月，全球最大的醫療組織在香港開會，出席的重要人物包括世界衛生組織西太平洋地區的主管、中國衛

沙士期間巡視醫院（圖片由醫院管理局提供）

生部長、香港的衛生福利司和衛生署署長。會議在香港醫
學專科學院大樓舉行，我作為醫管局主席與醫管局的行政
總裁皆有出席。會議結束後，中國衛生部長對傳媒表示，
大陸雖然有零星的呼吸道感染個案，但無需擔心。

　　大約在此時，一名醫學教授從華南秘密抵港入住九龍
京華國際酒店。他此行的目的是要為其呼吸道感染求醫。
這揭開了香港「百日沙士之疫」的序幕，期間香港的經濟
近乎癱瘓，旅遊業崩潰——香港成為旅客避之則吉的疫
埠，香港學生返英國和美國繼續學業要先被隔離，在日內
瓦舉行的大型鐘錶展禁止香港參加。疫症最終導致 1,755
人染病，299 人死亡。

　　這是一頁不堪回首的香港歷史。很多沙士病人至死不

能與親人見面，就是為了不想把疾病傳染給他們。就連殯儀館也拒絕為沙士死者提供服務。

香港市面蕭條，所有人都帶着各式各樣的口罩。我去到哪裏，都看到人躲着人。市民見到我總會退避三舍、敬而遠之。某天深夜，我整天沒有吃過東西，便跟太太到香港君悅酒店的咖啡廳用膳。平日客似雲來的咖啡廳當晚只有兩張枱子有客人。當侍應引領我們到一張枱子時，坐在附近的客人霍然而起，往離我們枱子更遠的方向走去。那一刻我如夢初醒：我是醫管局主席，受感染的機會大於常人，還是離我遠一點安全些！

但這場噩夢也顯示了香港人的真本色。社會再度團結起來。保護衣物、心意卡、生果籃和保健中藥源源不絕送來。林林總總的中式甜品送到公立醫院為醫護人員打氣。

支持來自四面八方和各行各業，例如中央政府、外國領使館、少數族裔社區、商界和工會。醫護人員亦不負眾望，沒有人玩忽職守，更沒有人臨陣退縮；反而展現出一往直前的勇氣和捨己救人的專業精神。

沙士似乎對年輕的醫護人員「情有獨鍾」。每天早上，當我們在醫管局總部討論「戰情」，卻不時收到同事感染沙士的報告。出入指定的沙士病房照顧沙士病人的風險可想而知。那些日子，在醫院經常聽到一個醫護人員對

另一個説「我代你去吧。你要照顧小孩和父母,我無兒無女,老婆又有工作。」即使明知有感染風險,很多同事都自願到沙士病房工作。很多寧願一直留在醫院,也不肯回家怕傳染家人。結果,醫管局要為他們提供臨時宿舍,讓他們住上數天甚至數星期。

醫管局全體同事都在黑暗中摸索,與致命的不明病毒打仗。他們每天見到兄弟姊妹倒下,同時被電台的早晨節目諸多指責。但我們咬緊牙關,堅持下去。前線員工跟沙士打的是一場「沒有硝煙的戰爭」,管理層要面對的卻是全然不同的問題。

我們的當務之急是:

- 評估可能需要接收的病人數目,是否有足夠的硬件(如保護衣物)和軟件(人手),以及如何和在哪裏安置病人;

- 如何維持醫院的日常服務。醫管局管理的醫院是香港醫療制度的「安全網」。即使在非常時期,仍然要為市民提供日常服務、急症室服務和處理私家醫院轉介的懷疑沙士個案;

- 管理市民及政府的期望;

- 維持員工士氣。

向時任特首董建華匯報沙士情況

我們無法估計多少人會感染沙士。我們可以準確計算的，是根據手頭上的軟件和硬件，我們最多可以治理和安置多少沙士病人。我們得出的數字是 3,000，那即是說，我們有足夠的軟件和硬件（如通風機、氧氣帳等）為約 3,000 名沙士病人提供服務。我相信，讓市民知道這個數字會令他們放心，晚上睡得更好。

可是，很遺憾，政府的高層對此並不認同。我在香港電台的節目《時事縱橫》透露上述數字，隨即被勒令閉嘴。他們認為，這等於暗示香港會有 3,000 個沙士病人，大大損害香港的經濟。

隨着感染沙士的市民不斷增加，我們要決定應否將若干醫院指定為專門處理沙士個案的「沙士醫院」，抑或讓

沙士病人分散到當時提供急症室服務的 13 間醫院。

　　在跟管理團隊商討後，我決定將大部分沙士病人送到威爾斯親王醫院和瑪嘉烈醫院。沙士爆發初期，威爾斯親王醫院已經開始接受病人；而瑪加嘉烈醫院是全港唯一的傳染病醫院，位置也靠近發現首宗沙士個案的淘大花園。接着我們連夜將瑪嘉烈醫院的外科和非急症病人搬到明愛醫院。這是艱巨的行動，我對參與的員工一直心存感激。

　　這個決定是否明智？我相信，這至少是個理性的決定。沙士爆發之後，市民對公立醫院的普通科和急症室服務的需求並無減少。可是這個決定被立法會的衛生事務委員會批評至體無完膚。

　　這樣的批評既無必要，亦非公允。再一次，當我們全力以赴，立法會議員卻在他們有空調的辦公室找錯處。他們有真正關心過我們的「沙士鬥士」嗎？他們可曾到過醫院激勵士氣？一家公立醫院的行政總裁說出很多醫護人員的心聲，她問尊貴的立法會議員：「我們最需要支持的時候，你們在哪裏？」

　　一位政府高官曾經質問我，為何醫管局那麼多員工死於沙士，而在廣州「一宗致命的個案也沒有」。他暗示我們的警覺性不夠，更沒有盡力。我只告訴他，沙士在香港爆發，源於一個醫學教授從廣州「悄悄」來港求診。

要打沙士這場仗，員工的士氣至為重要。員工的士氣可升可跌，當他們知道行政總裁何兆煒感染沙士，士氣跌至低點。幸而我與署理行政總裁高永文處變不驚。我頗為肯定我們兩人都受到輕微感染，但我們如常履行職務、到各區醫院探訪員工、向市民公佈病情並採取措施確保保護設施供應足夠。

在沙士肆虐的百日期間，我與管理團隊每天早上在醫管局總部從事以下工作：

- 接收昨日沙士數據的報告及分析；

- 討論政策的執行情況，以及是否需要按情況改變政策，並作出決定；

- 討論及規劃醫院的日常工作。

署理行政總裁高永文擔當醫管局與政府溝通的橋樑，每天都要與政府官員開會。同時，由於市民對疫情最新情況非常關注，我們每天下午都會在記者會上發放消息。正當大家疲於奔命，早上讓聽眾發表意見的「烽煙」（phone-in）節目仍然對我和高永文窮追猛打。高永文面對無理指責不卑不亢，捍衛了醫管局的尊嚴。我永遠對他心存感激。

我如何可以做到「泰山崩於前而色不變」？我與我的

沙士身亡同事悼念演講

管理團隊和前線員工並肩作戰，向同一目標進發。我們所
作的決定不管對錯，都是真誠、善意和經過深思熟慮的，
因此絕不言悔。眾人在逆境不屈不撓，展示了真正的專業
精神和人性的美麗。

　　醫管局有六位同事死於沙士，我每次致悼詞時都深感
悲痛。然而，他們的高貴情操和偉大犧牲令人鼓舞。我以
他們及全體同事為榮。

　　2003年沙士的爆發終於告一段落，香港市面回復正
常。我陪伴時任國務院總理溫家寶探訪威爾斯親王醫院。
總理捲起衣袖，與醫院員工熱情握手，他們大受鼓舞，場
面令人動容。這不就是領導才能嗎？

溫家寶總理鼓勵醫護人員

溫家寶總理提字感謝香港醫護人員

　　在此，我要對沙士病人及其家屬致歉。病人入院後一經證實感染沙士，就會被隔離。很不幸，有些病人至死也無法與親人見面。這個不近人情的安排是個艱難卻有必要的決定，目的是防止疫情擴散，保障市民健康。

　　與其說沙士結束是醫學的勝利，倒不如說它證明了屢試不爽的公共衛生原則有效——找出受感染的人，然後把他們與他們接觸過的人隔離和檢疫。這些步驟由民政事務局執行。追蹤沙士病人接觸過的人則是醫管局與警方的聯合行動。我在此向他們致敬。

　　到 5 月底，沙士的感染個案逐漸減少。醫管局開始審視我們在處理這次危機過程中的表現，然後作出建議，確保若將來出現類似情況我們會做得更好。這不是找錯處，而是負責任的做法。

　　政府也急不及待展開它的「獨立」調查。調查由衛生福利政策局局長領導，因而被廣泛批評為「自己人查自己人」。

　　立法會看準時機，成立「專責委員會」調查。醫管局明知這是一次要見到「人頭落地」的「獵巫行動」，也撥出大量財政資源與員工時間，盡力配合調查。我當下決定，倘若委員會的報告對醫管局的管理層或員工有片言隻字的指責，我會承擔政治責任辭去醫管局主席一職。結

我在醫管局成員陪同下宣佈辭職（圖片由《星島日報》提供）

我的辭職信

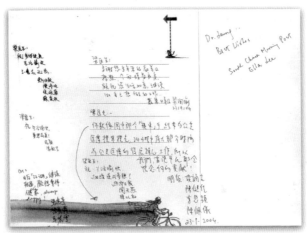

傳媒記者的心意卡

果，我在委員會報告發表前夕辭職。

這不是推卸責任，而是承擔政治責任。畢竟醫管局是法定機構，而委任我做主席也是一項政治任命。我同時相信：

- 醫管局並無犯錯。我們經歷了很多辛酸，也做了很多艱難、痛苦的決定；但我們無需為此向任何人道歉；

- 是時候停止觸動沙士病人和死者家屬的「舊傷口」；

- 我要阻止「獵巫行動」對醫護人員繼續進行政治迫害。否則醫管局員工的士氣必大受打擊，無法

集中精神做好日常工作，更無法為將來可能出現
的疫情做好準備；

- 那些無謂、沒完沒了的調查會影響醫管局的發展
和對市民的服務。

　　這是香港「沙劇」的最後一章，表面上善惡分明，
實際上卻是人人皆輸。值得慶幸的是，它顯示了香港人只
要團結一心，不但可以度過難關，還會更上一層樓。它也
顯示了當面對重大挑戰時，香港人可以摒棄分歧，合作無
間。我們為完善防控傳染病機制作出新的承擔，並在瑪嘉
烈醫院毗鄰興建了一座專門處理傳染病的新翼。更重要的
是，它讓全世界看到香港醫護人員捨身救人的專業精神。

第六章

兼容並蓄——卻把最好的給香港市民

香港享有的自由是香港人引以為傲之處。這裏的資本流通沒有限制；市民可自由出入境；大多數外國人可以無需簽證短暫停留香港。同樣，專業人士只要持有執照，無需許可證也可以在香港工作。

專業人士需要註冊或領取執照，目的是為了確保他們達致專業水平，以保障市民的利益。這對於工作上涉及人命的專業人士（如醫生、牙醫和護士）來說更為重要。

醫科畢業生註冊考試

是故，每個專業都有自身的管理委員會。委員會按照專業標準，決定是否批准申請人註冊或向他們發執照。換言之，委員會發揮把關人的功能，保障市民的利益。

在英國殖民統治下，香港醫務委員會是英國醫務委員會（GMC）的代行者。GMC 是英國及其殖民地與英聯邦所有醫學院的評審機構，每五年對醫學院的課程及水平

進行評審。GMC 認可的醫學院自然也得到香港醫務委員會認可，它們的畢業生的註冊申請亦會得到批准，獲發執照在香港行醫。GMC 亦會審核香港大學及香港中文大學醫學院的水平。兩間大學的醫科畢業生能夠在香港行醫，也是根據這樣的安排。

在殖民時期，GMC 擔當的角色對香港有利。上世紀五、六十年代，香港的醫護人員嚴重不足，補助醫院的設備和福利落後於政府醫院，再加上晉升機會有限，令本地醫科畢業生卻步。他們也不願意到當時低度開發的地區、離島和位於監獄的政府診所工作。幸而，有一批來自英聯邦國家，尤其是緬甸的醫科畢業生，他們的執業資格早經GMC 認可，可以在香港行醫。正因如此，在東華、仁濟和明愛這些補助醫院，以及低度開發地區、南丫島等離島和赤柱監獄的政府診所，以及慈航號水上診療所等，當中中流砥柱的醫生往往來自緬甸。他們為香港的醫療系統補漏拾遺，功不可沒。

可是，提供基本醫療服務的醫生不足，不是單靠緬甸的供應可以彌補，低度發展地區的情況更惡劣。上世紀五、六十年代，所謂「低度發展」地區，包括觀塘和黃大仙等新發展地區。不要忘記，當時僅有香港大學的一間醫學院，每年培育 30 至 40 個醫科畢業生。1949 年中國政權更易和其後的政治動盪可說令情況雪上加霜。例如，在

文化大革命期間，大批難民湧至香港，令人口大幅上升，對前線醫務人員的需求自然相應增加。

南下難民當中不乏中國的醫科畢業生，但這些「非英聯邦醫生」沒有在香港註冊的資格，更不獲發牌行醫。

為解決香港人的燃眉之急，香港醫務委員會在醫務衞生署署長蔡永業醫生的領導下，為內地的醫科畢業生安排了一個非常簡單的口試。他們若口試及格，便可以在公立醫院醫生的指導下擔任助理醫生。另外，他們亦可以「診療所持牌人」的身份行醫，受僱於如金銀業貿易場診所或同鄉會社區診所等社區組織。

這可説是香港醫療服務史被遺忘的一頁。內地醫科畢業生在香港以行醫為生，往往吃盡苦頭。社區診所在1950 年代初和1960 年代的發展如雨後春筍，當中很多與內地或台灣的政治組織有聯繫，但亦有些純為會員及基層提供基本醫療服務。這些機構的工作環境欠缺吸引力，資本更不足以聘請本地大學醫科畢業生。

診療所持牌人的辛酸也不足為外人道。他們只可以在診所看病，亦只能開出病人准許使用藥物名單上的藥物。嚴格來説，他們稱不上「醫生」，難怪有持牌人慨嘆，當他提供個人資料需要填寫「職業」一欄時，往往不知所措。

儘管社會地位低，但他們為數以百萬計的香港市民提

供基本醫療保健服務，貢獻無可置疑。

不甘於做「診療所持牌人」的畢業生可以考取執業資格試，及格的話便有資格註冊，以醫務委員會執照持有人的身份行醫。

隨着香港不斷發展，社區診所發揮的功能愈來愈少，在那裏工作的非本地醫科畢業生也逐漸被人遺忘。

九七回歸之期日漸逼近，香港醫務委員會不能再依賴英國醫務委員會為醫科畢業生註冊之事實益發明顯。香港既非英國殖民地，怎能讓英國就醫生註冊與執業資格如此重要的事情作決定？再者，香港還需審核來自其他國家的醫科畢業生。香港不再以英國為馬首是瞻乃理所當然，問題是我們的祖國中國在當年並無一套適用於全國的資格評審制度。

香港應該採用甚麼「準則」或「標準」審核非本地醫科畢業生的專業水平和執業資格，才可做到「兼容並蓄，同時又能給香港市民最好的保護」？

我們相信，要確保非本地畢業生符合基本專業水平，最穩妥的做法是安排他們參加執業資格試。

根據這個安排，凡有意向香港醫務委員會申請註冊以獲取執業醫生資格的醫科畢業生，必須通過委員會舉辦的

執業資格試，並於認可的醫院完成一段註冊前的駐院實習及評核。

有謂這是「保護主義」，但這絕非事實。制度的公允之處在於它完全不考慮考生的國籍和政治傾向。

有人建議某些醫學院的畢業生可獲豁免執業資格試，這樣做不但會被視為厚此薄彼，也可能因審核執業資格不夠透明而危害市民健康。

要通過非本地培訓醫生須參加執業資格試的法例草案並不容易，不少立法局議員和政府高官因為有子女或親屬在海外修讀醫科，所以對草案提出強烈反對。

但醫學界和醫務委員會的立場堅定，深信此制度之公允及包容符合港人最大利益。事實上，醫科畢業生要在外地行醫，也要先通過當地的執業資格試，這已成慣例，香港的做法並不罕見。比方說，香港的醫科畢業生要在內地行醫，必須通過國內的執業資格試。又以美國為例，加州大學畢業的醫科生想到紐約或亞利桑那行醫，也要在當地的執業資格試考獲及格成績。

再一次，大家聽到理性的呼喚。草案最終通過成為法例，唯一的附帶條文是 1997 年 7 月以前入讀英國醫務委員會認可的英國或英聯邦大學醫學院的學生，在畢業時可獲豁免。

肯定香港傳統中醫藥地位

傳統中醫藥在中國已有超過五千年歷史。我們的祖先不論貧富貴賤，都靠它養生治病。

很多人視傳統中醫藥為另類醫藥，其實它是中國醫學的主流。那裏有中國人，那裏就有對傳統中醫藥的需求。

在香港，傳統中醫藥廣為市民採用，但政府從未予以肯定，更遑論推動其發展。

1842 年簽訂的《南京條約》與其他不平等條約，令香港淪為英國殖民地。英國對香港管制甚嚴，唯獨對中國傳統習俗文化採取放任態度。在英國殖民政府眼中，中醫藥是傳統習俗文化而非真正的醫療保健，故此，超過整整一個世紀，政府讓傳統中醫藥在香港自生自滅，缺乏監管之餘，更無給予任何地位。只要是華人，就可以使用中國傳統醫藥診治病人，並自稱為中醫師。

隨着《基本法》頒佈與香港回歸祖國，中醫師作為合法醫療保健服務提供者的角色必須確立。

《基本法》第 138 條訂明，「香港特別行政區政府自行制定發展中西醫藥和促進醫療衛生的政策……」

可是，怎樣才算是一個「合乎體統」的中醫師？既然

當時使用傳統中醫藥在香港並無限制，我們應如何審核中醫師的專業資格？

一份調查的結果顯示，當年香港至少有 12 個註冊的中醫師商會，它們的會員全是傳統中醫師。這些商會的共同成員不少，大致可分為以下幾類：

- 在內地受訓；

- 在台灣受訓；

- 在香港中醫藥學校受訓；

- 以資深中醫師學徒的身份接受培訓。

由此可見，這些成員接受的培訓和政治背景大不相同，要他們就一套統一標準取得共識簡直是「緣木求魚」。

至於政府的態度則是漠不關心，抱持袖手旁觀的立場。這不難理解，英國殖民政府明白，干涉殖民地傳統習俗非明智之舉。

我打從心底覺得，傳統中醫藥應該得到重視和認可。這是對中國五千年歷史的基本認知和尊重，不讓它在香港發展絕非市民之福。我也相信，信賴中醫藥、將自己健康託付給中醫師的市民，應該得到保障。

吾道不孤，在基本法諮詢委員會上，不少經驗豐富的

中醫藥籌備委員會的成立酒會。前排右二為前衛生署長陳馮富珍；中排左三為梅嶺昌，中排左五為談靈鈞，中排右二為關之義（圖片由《星島日報》提供）

中醫師如梅嶺昌、談靈鈞和關之義與我的看法一致，可惜他們只屬少數。

我當選立法局議員後，曾多次與那 12 個中醫商會的代表見面。他們雖然彬彬有禮，但毫不含糊地告訴我，為了註冊而嘗試制定統一標準，不但多此一舉，而且自討苦吃，因為根本沒可能做到。他們亦懷疑我的動機──一個西醫為何會對中醫的註冊如此着緊？他有甚麼不可告人的目的嗎？

然而「有危必有機」。1989 年，兩名市民服用中醫師開出的含有龍膽草成分的中藥後死亡。這帶出兩個嚴重

問題：該名開出「致命藥方」的中醫師是否有足夠培訓？
市民接受中醫診治時有何保障？

這是我提醒公眾事態嚴重的大好機會。我要求立法局緊急討論這個問題，並促請政府作出行動。同時，我行使立法局衛生事務委員會主席的職權，成立一個審視中醫師「水平」的小組委員會。我說服譚耀宗與何世柱兩位親中議員一起擔任這個委員會的主席，他們二人與醫學界並無關係。我自己不當主席，是想避免有利益衝突之嫌。

這邁出了重要的一步，設立中醫藥規管制度的《中醫藥條例》於 1999 年 7 月 14 日由臨時立法會通過。

條例訂明了中醫的註冊規定，包括哪些中醫需要註冊、如何透過持續專業進修及品格證書維持執業資格。至於現行執業的中醫，只要能提供證據，證明擁有十五年或以上持續行醫的經驗，便可獲豁免參加執業試而獲准註冊成為註冊中醫。擁有十年持續行醫經驗的中醫可暫時繼續行醫成為表列中醫，但需於五年後通過審核才獲准註冊。換言之，沒有人因為新法例實施而摔破「飯碗」。

在新加坡政府設立中醫註冊制度的過程中，香港的《中醫藥條例》是他們重要的參考，可見該條例廣泛而全面。

這是一場漂亮的勝仗。今天，中醫師是認可的專業

醫務人員，接受他們服務的市民亦得到保障。目前香港有
十八間政府診所提供中醫藥醫療服務，亦有診所同時提供
中西醫服務，全港首家中醫專科醫院亦正籌備中。

　　在香港，中醫藥未來應怎樣繼續發展？很多人相信
中西醫藥結合是大勢所趨，我不敢苟同。因為這樣做，只
會令中醫藥淪為西方醫學的一環，逐漸喪失其真正的價
值。中國傳統醫學的智慧不應被埋沒和荒廢，反而必須發
揚光大。它的科學基礎和奧秘，有待我們更深入研究和發
掘。

第七章
醫生與社會

昔日，醫生的工作只是治病救人，這在今天仍然是他的天職。但隨着科技進步、人命愈來愈矜貴，病人的期望不斷攀升，醫生擔當的角色於是變得更為複雜。從前，病人痊癒後只想逐步重過正常生活，但今天他們期望能百分百、徹徹底底回復正常。

以下舉一些例子。一位運動員在一宗嚴重交通意外中被壓着下肢，最後要做切除手術才可以活命。一雙拐杖可以幫他走路和過日常生活，但病人想重過運動員的生活，最終給予他一雙義肢。

另一位新婚女子剛剛懷孕。八個月後她發現身體出血，診斷後發現是前置胎盤。她接受終止懷孕手術後，仍然流血不止。在切除子宮後，她的生命得以挽回，但她與丈夫卻大受打擊。她的家翁是億萬富豪，必須有人繼後香燈，現在她不可能再懷孕了，該如何是好？俗話說：「有志者事竟成」，辦法是讓她的卵子與她丈夫的精子在「試管」結合，然後把胎盤放在捐贈者的子宮內，讓其慢慢

「瓜熟蒂落」。這個由代孕母親生下的嬰孩的基因仍然來自那對夫婦。可是命運往往出乎意料，代孕母親懷胎九個月後，不捨得將嬰孩交給那對夫婦。這就是著名的「Baby M」案件──美國法庭首宗就「代母」和「借肚生子」作出裁定的案例。

科學協助人類生殖技術的討論

1986 年，我獲委任為研究科學協助人類生殖（SAHR）委員會的主席。醫學的進步將很多不可能的事變成可能，而委員會集中研究的，是科學協助人類生殖涉及的法律、道德和倫理問題，特別是如何保障在此情況下出生的嬰兒。

這些問題有多複雜，從以下個案可見。

一對夫婦結婚五年，即使試盡各種迷信的方法仍無所出。丈夫的雙親怪罪妻子，並聲稱會勸兒子跟她離婚或為兒子物色情婦。其實問題出在他們兒子身上，他的精子不足，卻羞於承認自己「無能」。夫婦最終決定找捐贈者用人工受精。這個方法成功了，他們終於如願以償，得到一個兒子。不過，之後兩人關係轉差，離婚已成定局。在這個情況下，誰人來保障他們兒子的利益？這個孩子的出生是為了取悅父母，但當他的父母變成陌路人時，他就成了沒有合法父親的私生子。

　　另一個案的夫婦也想生孩子，可是身為名媛的母親不想受懷胎十月之苦，亦無意暫時放下工作；連多彩多姿的社交活動、曲線玲瓏的身段，她也統統不想放棄。於是，她向最先進的醫學技術求助，找代孕媽媽代勞。這存在醫療上的風險，而她也要服藥控制排卵期，但這還可以接受。代孕媽媽又如何？她的需要必須得到充分照顧，但她卻拒絕別人任何控制。如果嬰兒有先天性缺陷，這對夫婦會改變主意嗎？反過來說，如果嬰兒一切正常，代孕媽媽會把嬰兒交還這對夫婦嗎？不要忘記，在法律上，懷胎母親才是嬰兒的合法母親，代孕媽媽與找她代勞的「僱主」簽訂的契約不可強制執行。在如此複雜的情況下，生下來的嬰兒有甚麼保障可言？

　　以上的情況其實還未夠複雜。試想想倘若丈夫患無精子症，他要找捐精者幫忙。倘若妻子不願意接受手術從體內取出卵子，就要找捐贈者幫忙，然後再把胚胎植入代孕媽媽體內。整個過程涉及五個成人，孩子的身份會有多複雜曖昧，不難想像。

　　再舉一例。一對女同性戀者想要孩子。最後，一名捐精者令她們如願以償。孩子逐漸長大，像其他小朋友一樣上學，但不同的是他永遠「無父」。這並非歧視同性婚姻，因成人有權選擇他們的生活方式，可是他們的孩子要過如此「與眾不同」的生活，這對他公平嗎？

　　有鑒於此，我們就現代科技涉及的道德、社會、倫理和法律問題作出多項建議，希望社會能在全速進發之前深入討論。

　　部分建議如下：

- 科學協助人類生殖的技術，只可應用於能提供醫學證明無法正常生育的已婚夫婦；

- 關於人工受孕的問題，倘若精子來自捐贈者，而丈夫又同意妻子接受捐精，他就是出生嬰兒的合法父親；

- 有基因關連的胚胎可以代孕，但不可涉及任何商業交易。代孕媽媽與委託她的夫婦簽訂的契約不可強制執行；

- 禁止以任何方法選擇嬰兒性別；

- 懷胎的母親是嬰兒的生母；

- 捐贈者的身份須一直保密；

- 孩子有權知道父母有否接受人工科學生殖程序；

- 設立法定機構——人類生殖科技管理局，規管生殖科技程序及胚胎研究。

人類生殖科技管理局於 2004 年 4 月根據《人類生殖科技條例》(第 561 章) 設立,我獲委任為主席。自此我一直參與生殖科技管理的運動,長達二十三年之久。

以上建議既考慮了不育夫婦渴望有後的需要,亦照顧到在此情況下出生的孩子的權益,堪稱公允。

保障工業健康

上世紀八十年代末到九十年代初,香港的建造業和輕工業起飛。然而,資方對工人提供的保護和安全設施不足,工人一旦遇到意外或感染疾病,往往不獲合理賠償。勞資雙方對肺塵埃沉着病和噪音導致的失聰等職業病更是漠不關心。職業病的潛伏期長,工人又要長期暴露於某種環境下才會染病,所以要在工人病情與其工作環境兩者之間確立相關性,並不容易。

上世紀五十至六十年代,位於馬鞍山的鐵礦場相當著名,老一輩的香港人相信到今天仍然記憶猶新。工人若長期吸入採礦井的廢物,肺部組織會慢慢纖維化,造成呼吸儲量流失。

八十年代末期,工人習慣用沉箱鞏固地基。建築工人要在地上挖掘 20 至 30 呎深,至接觸到岩石為止,以製造

一個空洞的圓柱形狀。那時通常是夫妻檔負責這項任務，丈夫開始掘地之後，自己會慢慢「落井」，妻子則在井口站崗，拿着繩索，一看到丈夫有危險，就會用繩把他從井拉上來。同時，她會用管子吸走塵埃。在密封井吸入被塵埃污染的空氣，肺部會受損，引致肺塵埃沉着病。患者的肺部會逐漸纖維化，最終耗盡呼吸儲量並喪失活動能力，需終日坐輪椅或睡牀吸氧氣。

當時基本的防護工具其實不缺，安全指引也提醒工人戴口罩，然而，由於在密封井內戴口罩令人不舒服而且呼吸也倍感吃力，工人往往不會這樣做。

有鑒於此，我身為立法局其中一位來自醫學界的議員，遂發起辯論工業健康問題，並建議禁止使用沉箱及立法規定工人配戴保護口罩。我同時提出制訂肺塵埃沉着病賠償法案，向染病工人作出賠償，款項來自對所有樓宇建築工程徵收的附加費。

在工場因噪音導致失聰是另一個需要處理的問題。很多輕工業在生產過程製造大量刺耳的噪音，工人長期在這種環境工作，聽覺可能受損甚至導致失聰。由於病發初期病徵並不明顯，工人缺乏保護意識，往往導致嚴重的長期後遺症。基本防護措施唾手可得卻很少人跟從。我於是提出動議，立法規定保障工人的措施及賠償聽力受損的工人。

　　我真心關注工人權益，這也許是我後來獲委任為標準工時委員會主席的原因。

　　有人説我越俎代庖：為何一個外科醫生和代表醫生和牙醫的立法局議員，對公共衛生如此着緊？原因很簡單，我是循選舉途徑進入立法局的議員，我代表的不僅是我所屬的功能組別，而是全港市民。我有責任根據我的知識和信念向政府提出意見。

　　支持普選和批判功能組別的人不妨記着，代表功能組別的立法會議員具備的專長和知識，同樣可以促進社會整體利益。關鍵是歌者（功能組別的當選議員）非歌（功能組別）。

對抗愛滋病

　　全球首宗愛滋病個案於 1981 年在美國出現，之後疫情愈演愈烈，成為近代最致命、最令人談虎色變的傳染病。更糟糕的是，愛滋病病毒並無預防疫苗，也沒有藥物可以治癒，只能靠教育和安全措施控制疫情。香港政府知道問題存在，更明白事態嚴重，卻無意在對抗愛滋病的運動中擔當領導角色；它選擇找志願團體做「闢地開山」的工作。

　　分別得到香港政府與賽馬會各 1,500 萬港元資助成立

的香港愛滋病基金會，其成立目的是促進公眾對愛滋病的認識及教育他們預防這個疾病。愛滋病的教育和預防屬公共衛生的範疇，但我身為專業醫務人員，覺得責無旁貸，因此便從香港家庭計劃指導會前總幹事及香港各界婦女聯合協進會活躍成員林貝聿嘉女士手上，接任愛滋病基金會主席一職。

我上任後展開的首個教育運動以恐懼作為主題——「愛滋病可以致命」。我們的設想是當人一害怕，自然就會提高警覺，做好預防措施。可惜事與願違，運動產生了令人歧視愛滋病患者的反效果，令患者不敢光明正大接受治療。當時有些香港人對愛滋病的恐懼非但不理性，甚至達到歇斯底里的地步，他們以為與愛滋病人握手、一起吃飯或共用同一坐廁，都會受到感染。

有一次我跟一位牙醫午餐。這位牙醫非常勇敢地承認自己是愛滋帶菌者。餐廳部長絕不認同，他告訴我，下次若帶愛滋病患者前來，餐廳恕不招待。

公眾看來「受軟不受硬」，於是我們決定用「教育」一招。目的是讓公眾知道，愛滋病只會透過進行不安全性行為、與愛滋病患者共用針筒，或幼兒經母體感染等途徑傳播。這次教育的對象更明確，我們將資源集中在職場、學校和家庭。

與香港愛滋病基金會義工聚會（圖片由謝志德先生提供）

　　我相信我們的努力沒有白費。香港的「愛滋病帶菌者」（HIV）的感染率較低，而愛滋病發病率更低。在反歧視條例實施後，感染愛滋病病毒的人無需再「偷偷摸摸」，可以光明正大到政府醫院求診。

　　九七將至，香港即將回歸祖國，香港與內地在商業、旅遊和學術的接觸只會愈來愈頻繁和緊密。這意味着內地發生的任何事也會對我們產生深遠、重大的影響。

　　內地的愛滋病（艾滋病）政策就是一個好例子。初時，官方的立場僅視愛滋病為「洋貨」，拒絕承認它是中國要處理的問題。實情是在新疆、雲南和廣西等地，愛滋病正透過性接觸、吸毒者共用針筒和幼兒經母體感染的途徑迅速蔓延，政府官員對此卻毫不知情。在河南，黑市買

賣血液導致疫情爆發。

這個情況令香港非常擔心。香港的感染率雖然不高，但若內地疫情失控，必然殃及毗鄰的香港，更何況每天往返內地的香港人數以萬計。

香港愛滋病基金會相信，由於我們在推展公眾教育及預防運動方面素有經驗，並且屢創奇功，實在有責任協助中國了解這個疾病的複雜性。

我們做了兩件事。首先，我們將中國與國際愛滋病預防及教育組織聯繫起來。然後，我們利用緊絀的人手和資源協助中國制定政策，展開有效的愛滋病教育和預防工作。

1996 年，一個國際愛滋病會議在溫哥華舉行，會上我們舉辦了一個名為「愛滋病在華人社區的情況」的專題研討會，探討各地華人的愛滋病問題及應對方法。發言者有來自澳洲、馬來西亞、新加坡、台灣及香港華人團體的愛滋病組織。中國的政府官員也首次在這個問題上提出意見。中國性病艾滋病防治協會秘書長沈潔在會上正式發言。於是，禁忌被打破了，中國終於開始正視愛滋病問題。

香港愛滋病基金會之後在中國進行的工作非常艱巨，最終取得豐碩的成果。我們推出「培訓員培訓計劃」，為經由中國性病艾滋病防治協會甄選的培訓員提供訓練及財

中國性病／艾滋病防治委員會秘書長沈潔在加拿大溫哥華的會議上分享內地
愛滋病的經驗

與陳敏章於北京慶祝世界愛滋病日

政支援，讓他們可以來香港兩星期，與我們的同事並肩工作。他們返回內地後，會與其他培訓員分享經驗和知識。至今，國內受惠於這個計劃的培訓員多達兩萬人。我們更為他們成立「校友組織」，每兩年在中國各大城市舉辦一次聚會。此外，我們與黨校合作，簽訂諒解備忘錄。基金會前行政總裁連愛珠女士為此經常奔走兩地，居功至偉。

我們慢慢取得了進展。1997 年 12 月 1 日，我們在北京人民大會堂前冒着寒冷慶祝世界愛滋病日。其後，我陪伴時任中國衛生部部長陳敏章到北京醫院探望愛滋病人。這在中國是破天荒的第一次。在當地電視台與媒體的拍攝和注視下，他與病人握手，在當時對愛滋病患者存在恐懼和嚴重歧視的中國，此舉有重大的象徵意義。在國際知名愛滋病專家何大一醫生的協助下，我們透過教育宣傳，以及對病人及早提供反愛滋病毒治療（雞尾酒藥物治療），將幼兒經母體感染的個案大大減少，並將此療法向內地愛滋病患者推廣。

今天，中國政府正全力推行愛滋病的教育及預防工作。第一夫人彭麗媛女士是世界衛生組織的結核病和愛滋病防治親善大使，也曾應衛生部邀請，擔任反愛滋病患者歧視的活動大使。

我並不是為香港愛滋病基金會歌功頌德。作為香港即中國境內的志願團體，我們有責任與內地同胞分享經驗和

與何大一和郭富城出席香港愛滋病基金會活動

專長。通過我們的努力，中國最終了解處理愛滋病的逼切性，以及問題的嚴重性。我們也相信，只有通過理解和包容，愛滋病在中國的預防和教育工作才有機會成功。香港也因我們的工作受惠，本地愛滋病確診個案數量已受到控制。

第八章

年紀大 也不壞

美國前聯邦儲備局主席格林斯潘曾說：「步入晚年是不可違抗的命運」。的確，人總會變老。香港社會老化的速度相比於世界其他地方快，因為香港人特別長壽。

根據 2017 年的數據，香港女性平均壽命 86 歲，男性 82 歲；每七個香港人中就有一個達 65 歲或以上。到 2030 年，這個比率會上升至四比一。很多人對這些數字嘖嘖稱奇。香港生活節奏快、壓力大，居住環境狹窄，空氣質素差，為何香港人會那麼長壽？

這也許歸功於香港先進、優質的醫療保健服務。香港的嬰兒死亡率是每千名 1.5 人，孕產婦死亡率是每十萬名 1.6 人。可是很諷刺，人口老化的社會要面對很多挑戰，有謂「二十世紀的成功變成二十一世紀的難題」，並非無的放矢。

不過，挑戰同時伴隨着機遇。這一點，往往被報憂不報喜的政府和社會精英忽略。他們整天掛在嘴邊的，是香

港的「依賴人口指數」不斷上升，即愈來愈多沒有收入的長者，要由愈來愈少有收入的年輕人供養。

說年過六十五歲的市民是「依賴人口」並不公允。政府要擺脫框架思考，以創新思維善用長者的經驗、專長和生產力。今日大公司的高層很多都五十多歲了，十年後他們會更上層樓成為掌舵人，這是大有可能發生的事。

「積極樂頤年」

實情是，今天的長者很多都仍然體魄強健、精力旺盛、交遊廣闊和財政獨立。向他們提供福利不僅錯誤而且更帶有歧視成份。他們需要關懷和照顧，但這與社會福利是兩碼子事。

安老事務委員會的職責，是向政府提出建議，制訂全面的安老政策。我獲委任為主席後，曾多次探訪老人中心，但這些談不上是愉快經驗。那裏的長者大多是女性，她們以看電視的粵語長片和摺紙花來打發時間。無可否認，中心員工沒有待慢她們，熱餐點心一一奉上。問題是，那些男性長者跑到哪裏了？

每次走過灣仔、油麻地和西區的橫街和露天場所，看到那裏的男性長者，我總覺得難過。他們百無聊賴，不是翻舊報紙舊雜誌，就是心不在焉的在下棋。

左鄰右里積極樂頤年試驗計劃——和諧樂滿鄉中與長者對談

　　我問他們生活上有甚麼需要，他們的答案出乎我意料。他們並不需要救濟和福利，而是學習新知識的機會，好讓他們可以與時俱進，不致跟社會脫節和孫兒疏離。他們最想學英文，和怎樣用電腦與智能電話。

　　這令我靈機一觸，想到「積極樂頤年」（active ageing）這個概念。

　　香港的老人入住院舍比率全球最高。這不難理解：香港地少人多，老人家不易在家得到良好的照顧。家庭的年輕成員要出外工作，社區支援又不足。再者，老人家若入住院舍，可申請綜援支付住院費用，家人更可獲稅務寬減。

　　但老人家會告訴你，他們最想在自己家裏和熟悉的社區度過餘生，而不是在老人院。

　　換言之，「居家安老」或「地區安老」(ageing in place)應該是我們致力達致的目標。

　　老人院可分為兩大類。政府資助院舍設施較好，但宿位不多。不過，政府沒法亦不應為所有長者提供住宿設施。大部分的老人院舍由私人經營，水平參差，有些甚至只能達到政府規定的最低服務標準。私營安老院超過八成住宿者是領取綜援人士，意味着這些機構通常只能滿足住宿者的基本需要。諷刺的是，法例規定領取綜援人士若得到來自其他途徑（包括家人）的額外資助，他們得到的綜援金額就會被扣減。

　　如何能繞過這個規定？把「綜援」改稱其他東西可以嗎？

　　「居家安老」和「地區安老」不易實行的另一個原因，是三分之一香港人住在公營房屋，但很多公共屋邨卻不設有老人中心，連鄰近地區也欠奉。結果，需要機構照顧的長者會被送到離他們住所和社區很遠的地方，例如住在柴灣的老人家會被安排入住位於觀塘的老人院舍。

　　歧視老人的情況在香港確實存在。2003年，我擔任安老事務委員會主席期間，一羣葵青區公屋居民，在代表

他們的立法會議員帶領下與我會面。他們反對在其屋邨平台興建老人宿舍。其實平台已空置了一段日子，很適合作為老人院的選址。有意在那裏興建老人院的聯營企業專門提供老人服務，它的申請和建築圖則已獲批准，工程亦已展開，卻遭到當地居民強烈反對。

反對的居民指老人嘈吵、欠缺衛生、動作緩慢和容易發生意外。區內精力充沛的年輕人可能會撞倒他們。這些反對理由雖然令人啼笑皆非，卻足以令興建老人院的計劃告吹。

有鑑於此，安老事務委員會提出以下四大政策方向：

- 推動「積極樂頤年」的概念；

- 推動長者在家或社區養老概念；

- 將長者領取的綜援改稱「錢跟老人走」；

- 遊說政府於公共屋邨預留土地興建老人院。

長者學苑

學校是最佳的學習場所，它設備齊全，軟件與硬件兼備。在香港，大多數學校在下午三、四點前授課完畢，班房在傍晚、週六下午和週日可以外借供人使用。

長者學苑畢業典禮

　　空置的班房與長者對學習的熱情簡直是天作之合。很多長者在年輕時沒有機會完成學業，如今年事已高若可重返校園，可說是「夢想成真」。

　　但誰人可以當他們的老師？能否讓借出班房的學校的學生當「小老師」，跟長者分享他們對電腦、潮語和英文的認識？這也有助消弭年輕人與長者的代溝。

　　長者學苑的意念就這樣誕生了，它可以幫助我們將「積極樂頤年」的概念付諸實施。參與計劃的中小學除了在下課後借出設施外，更會安排學生「授課」。至於「學生」則來自聲譽良好的老人院。計劃得到政府撥款資助，由財政司親自批准。

目前，全港有 130 餘間長者學苑。影響所及，專上教育機構亦開始為長者提供兩類課程——全日制學位課程（嶺南大學）與證書課程。長者可選擇報讀大學現有的本科課程（香港城市大學、香港公開大學和香港樹仁大學）或專門為他們設計的課程（香港大學和香港理工大學）。學習的機會固然可貴，更難得是他們可以用大學提供的學生證和使用校園設施，如食堂和圖書館；甚至在學生宿舍留宿，一嚐大學生活的滋味。

可以想像，當他們穿上畢業袍與至愛親朋出席畢業典禮，他們會有多自豪和興奮。受惠的人不只他們，他們的大學生「同學」從他們豐富的人生經驗中同樣獲益匪淺。

各大學也會為它們的高齡學生安排多彩多姿的活動，包括畢業典禮、運動會、高桌晚宴、畫展等。他們的精彩人生再現！

不過，這跟美國和澳洲的第三齡大學不可混為一談。第三齡大學是退休人士的溫床——當中的「學生」、「老師」和「職員」都是退休人士。長者學苑卻是促進世代溝通與和諧的地方。在一個愈趨分化的年代，年輕人與長者和諧相處，有助加強社會凝聚力和政治共識。

政府的政策也幫了「積極樂頤年」一把。政府推出公共交通票價優惠計劃，讓長者可以每程兩元的優惠票價使

身體力行，實踐「積極樂頤年」（圖片由謝志德先生提供）

用港鐵、小巴及公營巴士等公共交通工具。這是鼓勵長者融入社區的德政，值得嘉許。長者因而可以四處走走、探望孫兒、與同輩聚會，推動「長幼共融」！

我們期望，在可見未來更多私立及津貼學校參與這個計劃，政府或香港賽馬會等慈善機構提供更多資助，讓我們有足夠資源成立中央長者學苑中心，統籌及共用教學資料和方法，最終達致「一區一苑」的目標。

以這樣創新的思維應對人口老化，國際社會自然刮目相看。新加坡政府、泰國教育部與台灣的長者福利組織紛紛向我們取經。

　　人口老化是全球社會的趨勢。年輕人的文化和需要也在急速轉變。他們比以往更難滿足，也更自我中心。從前的年輕人會按輩分稱呼祖父、祖母、父親、母親等家庭成員。今天，尤其在美國，年輕人對長輩往往直呼其名。從前，長者是果敢決斷的權威人物，家庭的年輕成員對長輩必恭必敬。今天，長輩要當後輩是平輩。傳統的忠孝之道似乎亦變得不合時宜。

　　香港出生率低（每對夫婦少於一個孩子），大家庭沒落，撫養孩子需要心力和財力，居住環境十分擠迫，這些因素令愈來愈多老人獨居，「隱蔽長者」的社會現象也愈來愈普遍。獨居長者傾向與社會脫節，封閉自己，與舊物為伴。

　　這是富裕社會之恥。即使有人到訪，隱蔽長者也不會應門。社會福利署與志願團體的職員統統要吃閉門羹。而社工一般年紀太輕，無法與長者建立默契。我們決定利用社區網絡，發揮守望相助的鄰里精神。我們找到住在同一屋邨、比較活躍的長者，請他們拜訪隱蔽長者，與他們攀談，並幫他們買日用品。日子有功，隱蔽長者與他們成為了朋友，有些更會活躍起來，走出「隱蔽」，參加街坊活動。

　　為了更深入了解這些長者的情況，安老事務委員會曾委託香港大學就長者住宿、照顧服務進行顧問研究，並作出建議。

港大陸佑堂長者高桌晚宴

　　簡言之，顧問建議設立附有經濟狀況審查的社區照顧服務資助券計劃。政府對此表示興趣，先導試驗計劃在幾個地區推出但反應欠佳。這不難理解，對於需要甚麼服務和在哪裏可以取得這些服務，長者大多沒有頭緒。解決這個問題需兩方面配合。專門服務長者的志願團體應幫忙確認長者需要「購買」的服務，而老人院則要把它們提供的服務擴展至居家長者。想實現「居家安老」的目標，便要懂得變通和創新。

　　對工作了大半生的人，退休的念頭當然非常吸引。每天再不用像行軍那樣早上七時起牀，穿着得當，到麥當勞或茶餐廳吃個快餐和逼港鐵。終於，你有空做一直想做的事，甚至可以到外地旅行。

　　但退休生活往往不似預期。你睡到日上三竿，太太不甚滿意，而她準備的早餐又不合胃口。你想去旅行，但可以去多少次旅行？又可以跟誰去？旅行要花錢，而且你的

朋友大多要上班。你有些積蓄，但沒有穩定收入。那即是說，用一分錢就少一分錢。你逐漸變得吝嗇，買東西也要小心翼翼。

退休前，你本來打算到超級市場買廁紙，最後卻可能買了一大堆你用不着的東西。退休後，你買甚麼都必須精打細算，找遍超級市場購買最便宜的廁紙。財政壓力會令人情緒低落和行為古怪。在合理範圍內，無後顧之憂地消費卻可以加減壓，令人「自我感覺良好」。

以前，你工作繁忙，一天二十四小時都不夠用。退休後，二十四小時太長了。你覺得自己不事生產，又與社會脫節。跟過去相反，現在你的兒女反而要抽時間見你。你覺得再沒有人需要你，包括家人、朋友和社會，你變成了負累。真慘！現在你還想退休嗎？

根據政府的人口政策，香港需要有更多年輕人，以應對人口不斷老化的問題。這是把長者看成包袱。但考慮周詳的人口政策應該善用長者的經驗、專長和生產力。

香港並無法定退休年齡，不過，一般公務員的退休年齡是六十歲，紀律部隊人員是五十五歲。這看上去理所當然，因為在殖民地時期，從英國來港工作的公務員漂洋過海，自然想盡早退休返國。再說，在上世紀四、五十年代，真的是「人生七十古來稀」。

長者運動會

　　今日的情況大大不同。六十歲才是人生的黃金歲月，這個年紀的人累積了寶貴經驗，又多數沒有家庭負擔，正好由他們領導公司後起之秀。

　　公立醫院的人手短缺，因為我們錯失良機。公立醫院人手不足，是政府的老生常談。可是，當一個高級醫生或護士年滿六十，管理層就會勒令他們退休。但何其諷刺的是，醫院大費周章聘請回來的，卻是一批經驗不足、對香港病人所知甚少的醫務人員。

　　我一直提倡彈性退休。如果退休是為了健康或其他原因，那是當事人的權利。但如果當事人熱愛工作又表現出色，為何要以年齡逼他退下來？

　　有人會說，如果身居要職的人不退休，下級的人又如何「上位」？這是杞人憂天之說。即將退休的高層管理人總可退居二線擔當專業角色，幫年輕才俊和後起之秀「上位」。

先後擔任安老事務委員會與由我創立的長者學苑基金會的主席，給我極大的樂趣和滿足。經譚耀宗先生（創會主席）、陳章明教授（我的繼任人，現任平等機會委員會主席）、林正財醫生（現任行政會議非官守成員）和我的努力，安老服務的概念徹底改變。我們大力推動「積極樂頤年」，證明二十一世紀的長者見多識廣、充滿自信，對社會還可作出諸多貢獻，絕非負累。故此，安老服務不應視為社會福利。

長者常常遭人誤解。其實他們很少無理取鬧，有些更非常有自信。他們不肯接受救濟。我曾經探訪一對住在九龍城舊樓的老夫婦，丈夫七十多歲，中風後還未完全康復，妻子七十出頭。由於舊樓沒有電梯，他們每天都要上落樓五、六次買東西吃、拾紙皮箱和變賣它們為生。我上樓探訪他們，一步步拾級而上都感到吃力。

我走上七層樓喘着氣說可以為他們安排申請綜援，卻被他們一口拒絕。那位老太太帶着驕傲的笑容對我說：「每月的高齡津貼，加上賣紙皮箱的收入，已經夠我們生活了。」她也告訴我，附近酒樓的廚師每星期總有兩三次為他們送上酒樓賣剩的湯。

這對夫婦樂天知命，很易滿足。其實一點一滴的關懷，足以令長者們樂上半天。

第九章

回饋母校

　　香港大學（港大）是香港的重要象徵之一。她是香港開埠以來首間大學，深受當時中英兩國政府重視。港大自創校至今逾一百年，雖歷盡社會變遷和政治動盪，依然屹立不倒。她將來自社會各階層的學生培養成才，在香港、內地以至全球學術界、商界和政界擔當着領導角色。

　　港大根據 1911 年頒佈的《香港大學條例》成立。1910 年 3 月 30 日，時任港督盧吉為港大奠基。1912 年，港大正式收生。

　　港大的百週年校慶因此是香港社會的一件盛事，一連串慶祝活動歷時三年之久。慶祝活動的高潮，是 2011 年 12 月 18 日假香港會議展覽中心舉行的港大百週年晚宴。當晚超過 5,000 名嘉賓，包括來自世界各地的校友、高級政府官員、贊助人、城中達官貴人及友校代表出席這百年一度的盛事。大部分人與港大都有或深或淺的關係，並對此感到自豪。港大精神在當晚發揮到極致。

在香港大學百週年晚宴（圖片由香港大學提供）

　　我身為港大最高管理機關——校務委員會的主席，在那一刻深感自豪。我終於能夠回饋母校！

　　既是百年歷史學院，就免不了不思進取甚至故步自封的陋習。港大經歷不少風浪，但總是遇強越強，越挫越勇。然而時移世易，現今是強調問責與透明度的年代。畢竟港大的經費來自公帑，她的持分者至少包括管治機關、管理層、校友、師生和公眾。他們有共同信念：港大的院校自主不容侵犯。

　　1990 年代末期，多位港大校友及校務委員會成員邀請我加入校務委員會。對我來說，這是回饋母校的機會。我擔任校務委員會委員五年後，於 2010 年出任主席。

　　港大是獲大學教育資助委員會撥款的八間大學之一。八間資助大學受不同的法例監管，組織架構也不一樣。港大的最高負責人是校監，在殖民地時期，港大校監由港督擔任。回歸後，此職位由特首擔任。校監這個職位有其實際權力，例如頒授榮譽學位（即大學可以頒授的最高榮譽），而校監亦有權否決榮譽學位委員會作出的建議。

　　港大的管治架構由港大校董會、校務委員會及教務委員會組成。日常管治由校長及中央管理小組（Senior Management Team, SMT）負責。

　　校董會基本上是一個諮詢機關，由校監委任的副校監

領導。校董會當中包括校務委員會及教務委員會成員、立法會（局）當選議員、校友會當選成員；另外也有香港的達官貴人獲委任為成員。

校務委員會是港大最高管治機關，主席由校監委任。成員當中，六人由校監委任，另外六人由校務委員會自行委任。其他成員包括立法會（局）當選議員、校內研究生、本科生、教師及非教學職員。委員會的組成，採納了 2003 年審查小組報告《與時並進》所作的建議。小組由校務委員會於 2002 年 7 月 30 日成立，目的是檢討港大的管治架構。小組成員包括：熟悉北美及英聯邦國家教育制度的國際專家、熟悉香港教育制度的人士，也包括前新南威爾斯大學校長賴能教授、前哈佛大學校長胡德泰教授及時任終審法院首席法官李國能。每名以個人身分獲委任或當選委員的人士，皆以信託人身分出任委員，而非某特定組織的代表。他們都以港大的利益為先。委員會負責制訂管理政策、分配資源、審批教務委員會的學術建議及透過申訴小組調查有關員工的投訴和紀律問題。它亦負責甄選及決定校長的人選。簡言之，它是港大實際的最高管治機關。

教務委員會負責規管大學所有教育及研究事宜，由校長擔任主席。

百年以來，這家歷史悠久的大學處於安舒區，一直以管治守則中的原則營運，不過當中的規則及指引卻因各種

原因鮮有人跟從。港大沐浴在最高學府的光輝中，似乎認為社會的急遽轉變與她無關。

校務委員會的行事作風令我嘖嘖稱奇。這個最高管治機關召開的會議，可以因為「欠缺議程」而在最後一刻取消。委員對大學亦所知甚少。我曾不經意地問他們大學有多少個學系，很多人竟支吾以對。當我問大學高級職員與委員是否稔熟，他們不但認不出委員，有些甚至連他們姓甚名誰也不知道。

這很可惜。委員既是大學信託人，有責任提升大學的管治質素，又怎可以對大學發生的事情茫無頭緒？委員的背景不一，但都是社會精英，倘若他們能夠與職員合作無間，實在是大學的珍貴財產。

國父孫中山是港大醫學院的首批畢業生。此後港大歷經多番變遷，由只有醫學與工程兩個學院，發展到今天十個學院和多個部門。校舍亦由只有一座連陸佑堂在內的本部大樓，一直擴展到薄扶林沙宣道，變成今天的宏偉校園。

根據港大提供的數字，2016/17 年度的本科生有16,809 人，研究生 11,935 人。教職員 7,786 人，非教學職員 3,901 人，校友超過 20 萬人。這些校友覺得自己在港大有份，希望知道母校發生的每一件事。他們皆認為自己有權參與大學管理，提出的建議亦應該得到重視和接納。

與前港督衛奕信勳爵（圖片由香港大學提供）

這一切都落在校長的肩膀上。

許多人都會同意，大學當然應該專注學術。在這方面，校長處理教學及研究事宜，得到副校長、教務長和學院院長協助。然而，以港大的規模，需要關注和處理的事遠超學術的範疇，包括校園保安、籌款、財務、業權和公司事務等也必須處理。另外，達官貴人不時到訪港大，有些是前來領取榮譽學位，他們到訪的時候，必須加強保安，以確保他們的安全。港大的聲譽攸關，必須由專人負責。

面對這些挑戰，港大必須作出改革，以符合公眾的期望。

　　2007 年初，我以校務委員會屬下審查小組主席的身份，調查一宗由校長轉介的投訴。投訴人是一位私家病人，他指控港大醫學院一名高級醫生作出違規行為。由於表證成立，事件轉介至執法部門。最後區域法院裁定，有關醫生「藉公職作出不正當行為」（DCCC 400/2008）。案情透露，該名職員為病人提供服務後，要求病人將報酬存入他的私人戶口。有權簽署文件的他，竟用港大和瑪麗醫院的信紙開出收據，由始至終沒有通知大學收到款項。

　　向來醫學院的教學人員只要得到大學批准，便可以在大學以外提供服務，但從這宗個案可見，現行制度對私家病人的收費安排確實存在漏洞。例如申報利益的規定從未認真執行。以下問題特別值得注意：

- 臨床紀錄不全，致使收費安排出現問題。結果，大學個別員工可以要求病人將支票或款項存入不屬於港大或醫管局的賬戶；

- 沒有制訂程序定期審查收費紀錄與醫療紀錄是否相符；

- 申報利益衝突的政策從未執行。

　　「在大學以外提供醫療服務」一直引起爭議。有人認為，身為大學一分子，有責任為公眾提供市場欠缺的服

務。以牙醫和醫生為例，他們提供服務可能是為了救急扶危的人道主義目的；有時是為了幫助另一位外科醫生完成艱巨的手術。但也有人認為，大學全職員工的薪金全數由公帑支付，他們的專長應主要用於造福社會。為私家病人提供收費服務，等於獲取雙重報酬，損害公眾利益。

因此，申訴小組建議管理層應該就以下範疇提供並執行清晰的指引和守則，包括申報利益、在大學以外提供醫療服務的申請及審批，以及學系、學院與大學如何分攤收入、最後支付有關職員的費用，以及收入用途等。

這些建議如獲接納，希望能堵塞制度上的漏洞。可是，防止濫用的最佳保障不是制度，而是人員的操守。

我一上任校務委員會主席就立即推動改革。首先，我將委員會會議開放給中央管理小組及學院院長參與（之前只有校長以委員的身份參與），目的是讓中央管理小組成員，更明白委員對不同問題的立場，以及他們對大學的觀感。同時，我希望小組藉此機會與委員建立友誼，以便日後善用他們的經驗與專長。為此我安排雙方定期會面，通常是在氣氛輕鬆的社交場合。不過，並非每個人都感到雀躍，有人覺得我這個主席凡事都要管，但我不為所動，堅持委員會每月定期開會。

大學是社會的縮影。社會態度和價值觀的轉變，對持

分者必然有連帶影響。1997 年是個分水嶺。之前，香港人用「借來的時間」活在「借來的地方」，對這個城市的管治並無發言權。1997 年回歸本應是我們的新一頁。在「一國兩制」下，香港人本應當家作主，決定自己的命運。可惜事與願違，香港有些人既不信任中央政府，又對特區政府缺乏信心，他們以對抗取代妥協。在他們的心裏，沒有「我們」，只有「我」和「自己」。

我擔任校務委員會主席期間發生的幾件事，正好説明問題所在。這幾件事也反映了港大對社會變得愈來愈分化和政治化的趨勢，敏感度不足。

百週年校慶典禮

港大對風險管理也不重視。每當舉行大型活動，大學各部門各自為政，缺乏溝通，更沒有中央協調。簡言之，根本沒有話事的掌舵人！

2011 年夏天，我們得悉內地一位國家級領導人會來香港主持特區政府總部啟用儀式，或會順道探訪港大。他同時亦會帶來好消息。大學的中央管理小組喜出望外，馬上着手籌備歡迎活動。最後，活動敲定為類似畢業典禮的隆重儀式，亦列入為百週年校慶的一項慶祝活動，出席者需穿着整套禮袍。領導人將以尊貴嘉賓身份致詞，然後由

一間外國大學的資深代表回應，目的是向嘉賓展示西式莊嚴學術典禮的禮儀。獲邀出席的嘉賓包括港大的主要捐助人、學者及非教學職員。學生代表將獲安排向嘉賓發言。該名國家領導人其後證實為時任國務院副總理李克強。

典禮當日（2011 年 8 月 18 日）一切順利，外界評價是「安排妥善」和「令人動容」，但這只是表象。事後看來，當日做錯了或不該做的事情如下：

- 類似畢業典禮的儀式並不恰當；

- 按港大熟悉的英式典禮，主人家（港大校監）必定坐在中間，嘉賓坐在其右邊。但按中式禮節，嘉賓會被安排坐在中間。在典禮當天，嘉賓坐在中間，主人家（校監）坐在他右邊；

- 由於嘉賓是國家級領導人，大學自然會加強保安，最終決定交由警方負責。有指這違反了港大的院校自主。無可否認，港大通常自行處理校園保安問題，在有需要時才報警求助；

- 主要的捐助人全部獲安排坐在前排；

- 學生想舉行示威並向嘉賓遞請願信，但指定的示威地點遠離嘉賓進近路線。

這些安排縱然合理，卻令港大飽受抨擊和指責：

李克強總理訪問港大（圖片由香港大學提供）

- 我們放棄院校自主，向中聯辦叩頭；

- 我們讓警方進入校園接手保安，再度放棄院校自
  主；

- 座位安排顯示我們有意討好權貴。

這些指控雖然有欠公允，卻不能置之不理。首先，它
反映了人們對中央人民政府不信任；其次，貧富懸殊加劇
令港人的仇富情緒高漲；第三，對警權膨脹的憂慮升溫。
這些才是有關人士真正關心的議題，捍衛港大院校自主只
是藉口和幌子。

學生的不滿沒有平息下來，數以百計的本科生和研究
生在校園示威。他們喊口號，逐一發言批評校方的決定和

安排；更要求與校長及校務委員會主席會面，回應質詢，
我們從其所願。

在這樣的情況下，我決定成立「百週年校慶檢討小
組」，小組成員包括所有持分者的代表。我們希望由一位
大法官擔任小組主席，但沒有人對這個「燙手山芋」感興
趣。大學的本科生也拒絕參與小組的工作。我們鼓勵他們
發表意見，但他們從沒有這樣做。

小組的工作十分艱巨。它作出的評估和建議不僅要合
情合理並有政治觸覺，也要顧及港大的傳統文化。小組的
最後報告發現，所有對校方的指控皆毫無根據。同時，小
組建議大學的營運和管理必須現代化，以符合公眾的期望。

在此，我要向小組成員表示衷心感激，特別是主席黃
嘉純律師。他巨細無遺和大公無私的態度令人欽佩。他的
表現，見證了校務委員會的委員作為大學的信託人，如何
盡心盡力為大學的利益服務。

「百週年校慶檢討小組」在一份報告中提出很多有用
的建議。其中一個建議令我非常深刻：必須找專人負責管
理港大的非學術事務。因此，校務委員會開設了一個處理
行政事務的副校長職位，合適的人選不久就找到了。這是
我一直敦促大學要做的事，現在終於成事了。危機逼使我
們面對現實，這句話不無道理。

在我眼中，整件事是「茶杯裏的風波」，但它提醒我們，時代已經改變。今時今日，甚麼事也並非理所當然，即使動機良好，事情也很容易變得政治化。

可以肯定，大學不僅是追求高深學問的地方，它也應該是獨立思考與言論自由的搖籃。大學生年輕、有理想，他們滿腔熱血，執着自己的信念，對社會諸多不滿，可以理解。他們想自己的意見獲接納並得到重視，可是他們採取的行動必須符合文明社會的行為守則。成人社會有責任指導他們，並敦促他們克制，而非火上加油，將他們帶上歧途。

校長繼任人

我曾經多次遊説徐立之教授留任校長，但他在校務委員會開會前通知我，他決定在約滿後不再續任。收到通知的一刻，我知道我們將面對另一艱巨任務。

徐教授在這個敏感時刻辭職，自然引起外界諸多揣測，李克強總理剛剛訪問離開，實在很難避嫌。一如所料，揣測很快變成謠言。有指「校長承受不了壓力」，更荒謬的是有人説「徐立之被中聯辦逼走」。雖然徐教授公開澄清絕無其事，辭職是因為他已經在港大服務十年（兩任，每任期五年），是時候重返他的老本行——科學研究，但

陳陳相因的謠言沒有消失，反而變本加厲。徐教授在任期結束後繼續履行校長職責，直至他的繼任人就職，足見他對港大的承擔。為向他致敬，我建議把四所位於堅尼地城的住宿學院的其中一所命名為「立之書院」，建議得到委員一致通過。

與此同時，物色校長的艱巨任務正式展開。

我們要找的是香港大學第十五任校長，既已經過了這麼多任，總應該有些可依循的步驟和程序吧？但事實並非如此。細讀《香港大學條例》和香港大學的規程，也無線索。裏面只有一句提到大學校長的任命：「校長由校務委員會諮詢教務委員會後作出任命」。

顯然我們必須作出行動。再一次，責任落在校務委員會身上。我們知道，在當時劍拔弩張的政治環境下，遴選過程必須透明，並充分考慮所有持分者的意見。

我們採取了以下步驟：

步驟一：就港大需要甚麼人才當校長展開諮詢。下一任校長需具備以下卓越專長：獲廣泛認可的學術成就、管理經驗、籌款知識和能力，與政治敏感度；

步驟二：成立「物色委員會」，在本地及海外物色合適人選，亦會委託獵頭公司協助。委員會將按候選人的學

術背景進行篩選，甚或飛往外國與其進行面試。這項任務
交給由教授選出的大學資深教職員負責，以免被指為黑箱
作業。物色委員會的主席由校務委員會的一名委員擔任；

步驟三：物色委員會的建議將呈交遴選委員會，後
者將與所有獲推薦的候選人進行面試，然後決定是否提交
人選供校務委員會考慮任命。為確保各持分者的意見得到
充分考慮，遴選委員會的委員多達 11 人。我身為校務委
員會主席，順理成章擔任遴選委員會主席。物色委員會的
主席是當然委員，其餘九名委員皆為各持分者選出的代
表——教學人員、教授人員、非教學人員及學生（一名本
科生及一名研究生）各有兩名代表，餘下一名委員由校務
委員會選出。全體委員須遵守保密協議及集體負責制。我
相信，我們一是向校務委員會舉薦一名符合資格的候選
人，一是不舉薦任何人，不應存在替代候選人。如果沒有
候選人合資格，就不應退而求其次；

步驟四：候選人須於指定日期與持分者，包括教學人
員、非教學人員、學生（本科生及研究生）和校友代表逐
一會面。會面後，持分者需各自向校務委員會作出建議；

步驟五：按條例規定，候選人須經教務委員會評審；

步驟六：之後校務委員會將召開會議作出決定。在聽
取各持分者、教務委員會和遴選委員會的意見後，倘若校

務委員接納建議，就會作出任命，並對候選人提供一切所需協助。倘若委員會否決建議人選，就要重新開始物色程序。

最後，遴選委員會推薦的人選是英國學者、前布里斯托大學醫科及牙科學院院長馬斐森。他得到持分者支持及遴選委員會推薦，教務委員會亦接納他的提名。校務委員會需要作出決定，是任命他為港大校長，任期五年，還是否決這個人選，重新開始物色和遴選程序。

我雖然是遴選委員會主席，卻完全沒有干預遴選過程或試圖影響遴選結果。我下了一道指令——委員會要作出集體決定。若採納建議，我們便要行使法例賦予的權力作出任命，並給予新任校長一切所需支持。若否決建議，我們便要成立新的物色和遴選委員會，重新展開物色和遴選工作，其中的程序和原則不變。

委員會最後決定，任命馬斐森為香港大學第十五任校長。

馬斐森是否最合適人選，歷史自有公論。我要維護的不是遴選結果，而是制度。我們的遴選制度採用多重而合理的標準，既透明又公正，並積極聽取及充分考慮持分者的意見。這個校長的遴選制度應該一直沿用。

遴選過程告一段落，但「好戲」才剛剛上演。

　　任命消息一公佈，抗議、責難的聲音就從四方八面而來：「他不是中國人」、「他不認識中國文化」、「他欠缺了不起的學術成就」。有些指控無中生有，近乎荒謬，例如說：「主席推薦馬斐森，因為二人都是腎臟科專家」，又或者「主席支持他，因為二人早已認識，同為一本醫學期刊的編輯委員會委員」。這些指控毫無根據，不值得我花時間澄清。遴選採用早已確立的標準，主席在過程中絕對中立。

　　說來諷刺，那些口口聲聲要捍衛「院校自主」的人，卻不放過任何機會左右大學的決定！很遺憾，這就是今天香港的情況。校務委員會行使法例賦予的權力作出任命，過程符合正當程序，並採納持分者意見，但有些人還大叫不公，因為我們任命的候選人「不合他們的胃口」。

　　在物色副校長（研究及人力資源）的過程中，我們遇到類似的問題。今次這項任務由校長擔任主席的物色委員會負責，有三位當選的教授，以及一位校務委員會委員協助他。委員會在全球物色人選，然後向校務委員會作出推薦。為保障候選人利益，整個過程絕對保密。

　　很遺憾，在物色過程中「洩露」了委員會屬意一名內部候選人。之後部分校友和學生力爭該名候選人獲得任命。與此同時，有指中聯辦向校務委員會施加壓力，但任何認為「人選縱然合適但永不會獲委任」的關注和憂慮，

與圍堵校務委員會的學生對話（圖片由《星島日報》提供）

都是沒有根據的。其後，物色委員會向校務委員會推薦副校長人選，校務委員會經周詳考慮後，作出否決推薦的集體決定，原因是任命這個候選人不符合大學的最佳利益。決定引起軒然大波，學生闖入校務委員會的會議室大肆搗亂，要求委員解釋決定，並阻止他們離開。我遂介入回應學生的提問，平伏他們的情緒，這次「任命風暴」才告一段落。校務委員會的會議內容理應保密，但這次內容卻洩露了給傳媒。雖然如此，委員會成員卻堅守立場並維護他們的決定。

校務委員會的會議內容必須保密，唯有如此，委員在會上才可毫無顧忌地暢所欲言。故意違反保密原則不僅破

壞委員會的誠信，也玷污了大學的清譽。是故，所有委員都要宣誓遵守保密協議。今次會議內容外洩嚴重違反保密協議，洩密者罔顧多番警告，我身為主席，不得不向法庭申請禁制令，禁止傳媒使用、發佈和披露校務委員會的會議內容。

由於社會泛政治化，若干人士採用雙重標準作出判斷。校務委員會被指向中聯辦叩頭，這是子虛烏有、全無事實根據的指控。反而有勢力向校委會施壓，為其支持的候選人作出遊說，卻是傳媒廣泛報導的事實。其後，兩名港大學生入稟高等法院，就校委會的決定申請司法覆核。最後，我確信理性再次抬頭，高等法院拒絕了他們的司法覆核申請。

馬斐森於 2014 年 4 月 1 日（愚人節）履新擔任港大校長，但他沒有完成五年任期，上任僅三年半就跳槽至蘇格蘭愛丁堡大學任校長。我有份委任他，這令我感到很失望，因為此舉有損他的事業前途及個人誠信。更令人不解的，是他離職前暗示中聯辦干預他的工作。這些不負責任的說話，會在中聯辦及特區政府與港大之間製造嫌隙，校委會與其繼任人需要努力花時間修補。

與內地合作

香港大學醫學院有過百年歷史，首批畢業生包括國父孫中山。自成立以來，港大醫學院培訓的醫生，以及近年的護士及中醫，為香港、內地以至全世界提供醫療服務。當中不少投身公共服務，對社會的貢獻超越醫療範疇。可是，說來奇怪，港大醫學院一直以來都沒有自己的附屬醫院。瑪麗醫院並非港大醫學院的附屬醫院，威爾斯親王醫院也不是香港中文大學醫學院的附屬醫院。這兩所醫院是兩間大學醫學院的教學醫院，也供學校作員工培訓及研究之用，但大學對醫院的管理和營運沒有發言權。

醫管局成立之時，曾有意將兩所醫院交給兩間大學管理。根據這個構思，兩間大學的醫學院會獲分配預算撥款，分別全權負責兩所醫院的管理。可是，這個建議不為大學教育撥款委員會及兩間大學接受。他們認為，大學的核心價值並非管理和營運醫院，而大學亦沒有這方面的專長。醫管局因而打消了這個念頭，其後成立了教學醫院小組委員會，成員包括醫管局主席及行政總裁、兩間大學的校長及醫學院院長。他們定期會面，討論公同利益與關注事項。

這個決定是否明智？它意味着大學不用肩負管理醫院與平衡收支的重擔，不過亦代表大學仍然沒有屬於自己的教學醫院，只能借用醫管局的設施。

2000 年底，中央政府衛生部接觸港大，探聽港大有沒有興趣與深圳政府合作，開辦一所新醫院——濱海醫院。我們有點為難：這當然是一個讓港大再度「起飛」的機會，但管理醫院和平衡收支並非我們所長，更不是我們的本業。

最後，我們決定接受這個挑戰，致力完成以下目標：

- 引入香港的制度，協助祖國推行醫療改革；

- 擴充港大的研究及培訓設施。在香港要應付不斷增加的學生和員工，這些資源已經顯得緊絀。在深圳開辦醫院，亦使大學有更多空間從事研究，及有更多機會得到內地的醫學研究資助；

- 為深圳市民開辦一所「三甲醫院」，他們若有比較複雜的醫療問題，也不用前往廣州求醫。

雖然魔鬼總在細節中，但我們還是踏出了勇敢的一步。

這所規劃中有 2,000 張病牀及先進設備的醫院，由深圳政府全額資助（費用達 40 億元人民幣；另外 40 億元人民幣用作購置首批醫療器材）。不過，如果計劃要成功，醫院必須按我們堅持的方式營運及管理：

- 它會成為香港大學的附屬醫院（醫院名稱由濱海醫院改為香港大學深圳醫院）；

與深圳副市長吳以環（首排右邊第三位）等人合照

- 跟大多數內地企業不同，香港大學深圳醫院的院長向醫院的董事局負責，而不是向黨委負責。即是說，醫院的管理不會受政治影響；

- 病人的管理由香港大學醫學院的中央管理小組負責；

- 先為病人提供基礎醫療服務，若他們有特殊需要才轉介到專科；

- 門診定額收費，所提供的基礎醫療服務包括會診、基本檢驗和治療。我們杜絕過度檢驗和多重用藥，也禁止醫藥人員收取回扣或紅包。

醫院董事局的成立，是另一次理性作主的結果，也是港大與深圳政府互諒互讓的成果。按深圳政府的建議，董

事局成員中,港大與深圳政府各佔一半;並要求採取「雙
主席制」,由港大與深圳政府各派一名代表同時擔任主
席。我反對雙主席制。如實行雙主席制必會引起混亂。我
決定放棄擔任主席的權利,建議該職位由深圳團隊的資深
成員擔任。畢竟,他們比較熟悉內地的法例和規定。

與我們合作的深圳副市長吳以環最終同意出任主席,
她非常通情達理,實在是港大的福氣。她竭盡所能,想盡
辦法幫我們解決問題。

物色醫院創院院長的工作十分艱巨。在這方面,內地
雖無劃一準則,但多採用以下標準:有關人士應為合資格
醫生;與衛生部稔熟;在香港的醫療界受到尊崇。院長的
人選由港大提名,但禮貌上,我認為應該採用內地的常用
標準,並認真考慮內地衛生部的意見。有意見認為,港大
醫學院沒有管理醫院的專長,應向外尋求在這方面有經驗
的專家協助。

我反對這樣做。院長領導的醫療團隊,成員包括港大
醫學院的高級醫生和教授。他／她要與他們合作無間,
就要得到他們的尊重,並且對他們的工作習慣以至喜惡瞭
如指掌。換言之,擔任院長的人須為港大醫學院的資深成
員,並備受同儕尊敬。但這樣的人才屈指可數。

鄧惠瓊教授是港大婦產科名譽臨床教授,曾任港大醫

學院院長、李嘉誠醫學院院務委員會主席及香港醫學專科
學院主席。她並無管理醫院的經驗,擔任深圳醫院院長亦
不是她的意願,但她表現出色,深孚眾望。

根據醫院的諒解備忘錄,她帶領的團隊成員包括四名
副院長,其中一名由深圳政府提名、負責與深圳官方組織
打交道的署理院長。我贊成這個安排。畢竟管理層中有熟
悉內地法律和規則的人,事情才會水到渠成。另外三名副
院長分別處理臨床服務、支援服務及研究事宜,他們的人
選由港大提名。

為病人提供臨床服務、照顧與治療是醫院的主要職
責,但如何達致這個目標,往往因不同醫院與地區而異。
對香港大學深圳醫院來說,最重要是將香港的管理模式與
臨床服務概念引進內地。根據編制,香港大學深圳醫院每
個臨床單位,應該由三名來自港大的高級主管領導,協助
他們的團隊則由深圳當地的醫護人員組成。

三名港大的高級主管每天都要前往深圳工作,這會影
響港大在香港提供的醫療服務嗎?為何香港的公帑會用於
深圳?

如果要確保香港醫療服務水平不會下降,港大醫學院
的所有學系,應該得到三個額外「相當於全職」的補充。
所需費用由深圳醫院承擔,先由港大墊付。

慶祝香港大學深圳醫院開幕（圖片由香港大學提供）

香港大學深圳醫院

　　港大與深圳政府合辦醫院的消息傳出後，來自四面八方的批評、責難和反對聲音湧現，連校務委員會亦有委員提出質疑。很多人擔心醫院能否達致收支平衡。

　　但港大的格言不是要為香港和內地以至全世界作出貢獻嗎？何況港大在深圳開辦醫院，會得到很多明顯與其他利益。校務委員會小心權衡利弊之後，作出了明智的決定。

　　香港大學深圳醫院開業至今超過五年，是成功還是失敗？事實勝於雄辯：醫院每天照顧的病人多達 6,000 個；它在極短時間內取得「澳洲醫療服務標準委員會」的認證及內地三甲醫院資格。更重要的是，我們改變了當地醫院的文化：關掉不必要的「點滴房」；制止病人辱罵及傷害員工；為員工提供安全的工作環境，派保安駐守急症室；為員工購買保險，讓他們安心工作；禁止員工收受紅包。我們為員工提供的待遇比較合理，他們因此不再視照顧病人為增加額外收入之途徑，反而相信這是他們的責任。

　　有否不足之處？營運一所設有 2,000 張病牀的醫院，並以改革中國醫療文化為最終目標，這樣艱巨的任務不可能一帆風順。我們確實遇到挫折。我們未能在院內設立器官移植中心，未能為病人做心臟手術，未能接收所有由救護車送來的病人。這是因為在上述情況下，我們還未符合內地法例的要求。我們私營的求診病人總數未如理想，影響醫院的財政健康。

大眾媒體，總是對我們諸多批評，尤以香港傳媒為甚。他們不惜一切都要找到醫院的黑材料，特別是關於它的財政狀況和服務水平。

我敢肯定，我們的財政狀況非常透明。至於赤字，以醫院的規模而言，需要數年時間達致收支平衡，也屬正常。

根據獨立機構（普華永道會計師行）的評估，除非發生無法預測的重大事故，醫院在 2018 年可達收支平衡，並可於數年後全數償還港大為「相當於全職」墊支的費用。

香港大學深圳醫院的管理層和員工克盡己任，盡心盡力照顧病人，我向他們致敬。

有人問我，醫院成立以來最大的挑戰的甚麼？醫院的本地員工來自內地的五湖四海，把如此不同的經驗和專長結合起來會有問題嗎？答案很簡單。內地員工的專業水平跟香港員工不遑多讓，要小心處理的反而是醫院董事局和醫護人員與深圳政府和病人的文化差異。香港的制度透明度高，重視正當程序。醫護人員以他們的專業和服務病人為榮。

醫院的本地員工來自內地不同城市和省份。他們以不同的方法治療有同類問題的病人，實屬正常。然而，為確保服務的效率與成效，我們堅持奉行香港的制度。比方說，不會讓病人選擇主診醫生，更禁止他們給職員紅包。

在醫院開業後第一個試營運的綜合病房體驗
服務（圖片由香港大學提供）

　　病人求診先由提供基礎醫療的醫生治理，確定有需要
才轉介給專科醫生。這樣做既不會浪費資源，也省卻病人
做不必要檢查的麻煩。對於為病人「打點滴」這個在內地
十分普遍的做法，我們並不鼓勵，反而嚴厲譴責。我們致
力創造一個令員工以病人利益為先的環境和文化。

　　經驗告訴我們，倘若醫務人員的薪酬未能反映其專
長，他們便有可能抵受不住誘惑而收取賄款，導致醫療服
務的專業水平和社會地位下降。是故，我們採用高薪養廉
的政策，給員工良好的待遇，優於一般國內醫院。政策成

效顯著，今日位高權重的人，也不會在我們的醫院享有特權。病人的情況是我們唯一考慮，完全屬於醫學決定，跟權力地位無關。

移風易俗從來不易。人是愛跟從習慣的動物，往往抗拒轉變。比方說，派紅包的習慣根深蒂固。「不收我的紅包就是不給我面子，又怎會給我最好的治療？」這是很多病人的想法。

問題是醫生與病人的關係一旦涉及金錢利益，勢必破壞彼此的互信，最終影響治療。

我掌管香港大學深圳醫院七年，致力將一個更完善、更先進也更符合病人與醫護人員利益的醫療制度引進內地。對我來說，這是夙願終償。內地醫務人員經驗豐富、勇於創新；但要更上一層樓，就必須置身於規劃更完善的制度下工作，才可以真正發揮所長並與世界競爭。

我在香港大學深圳醫院的多年經驗，令我感受良多。醫院同事克盡己職，深圳政府通情達理，港大與深圳政府互諒互信，皆令我感動。要到深圳工作的香港同事舟車勞頓，在陌生的工作環境承受巨大壓力。深圳政府和副市長對我們的概念及系統信任有加，副市長更竭盡所能提供協助。

在此我再次表達對副市長的感激和敬意。我跟她在深圳多次會面，分享彼此對醫院與醫療服務的理想。我的普

通話不濟，通常由王依倩小姐充當翻譯。

當我擔任港大校務委員會主席的六年任期屆滿（之前還當了五年委員），我亦辭去香港大學深圳醫院榮譽院長及董事的職位。我的原則是「不在其位，不論其政」，指指點點的後座司機令人討厭。此外，你的想法未必能迎合新環境下的新管理層。更何況，沒有人是無法取代的。

我懷着複雜的心情離開醫院。醫院自創立以來有長足發展，我深信它的未來一片光明。可是，離開我一手創辦的機構，以及跟已經建立友誼的深圳官員道別，畢竟令人傷感。我永不會忘記這段友好關係，我離開時熱淚盈眶。董事會送給我一幅書法以作紀念。

擴建港大

港大校園位於人口稠密、樓價高昂的港島西區薄扶林。

由於員工與學生不斷增加，以及對研發與教學設施的需求愈來愈大，港大需要更多空間作發展用途。

在港大本部校園以西的山頂、私人屋苑寶翠園對面，有一片被水塘濾水池佔據的空地。這片空地正好用來興建港大的新校園，以配合百週年慶祝活動。

這是港大百週年校園意念的由來。計劃中，濾水池會被

搬遷到鄰近山頭的隧道,以騰出空地用來興建百週年校園。

後來的大興土木堪稱工程學上的勝利。整個濾水池搬遷到附近山頭被挖空了的底部。老一輩的影迷可能會聯想到荷李活電影《六壯士》中德國坦克藏於山中一幕。2012年,法律學院、文學院和社會科學院的大樓都搬到百週年校園。

港大能夠有長足的發展,有賴善長人翁慷慨解囊。他們對教育的熱情,以及對港大的信任,令我非常感動。

舉例說,已故的方逸華女士,對港大醫學院教授、微生物學家和傳染病專家袁國勇心存感激,感謝他在她已故丈夫邵逸夫爵士患病時悉心照顧。她擔任主席的邵逸夫基金會,早已多次承諾捐款港大。

於是,我親自接觸方女士,把百週年校園的計劃告訴她,並提議將一座大樓命名為「邵逸夫樓」。她毫不猶豫答應捐款。捐款的數目非常慷慨,但與我們的期望仍有差距。我大膽要求她「加碼」,她說會在當晚答覆我。當晚約八時,我收到她的來電,答應了我們的要求。這與我的口才和說服力無關,而是因為她真心相信教育和真心愛港大。

這不是沒有代表性的個別例子。在過去百年來,港大不時得到貴人扶持和善長相助。港大創辦時期,其中一個主要捐助人就是麼地爵士。後來捐款給港大的慈善家和慈

善機構包括李嘉誠先生、嘉道理爵士、鄭裕彤先生、李兆
基先生、何鴻燊先生和香港賽馬會等。港大對他們感激不
盡。

每筆捐款背後都有一個感人故事。例如譚華正先生把
他的部分物業賣掉,為的就是給牙醫學院開設一個明德教
授的教席,以及更新大學圖書館的設施。

來自內地的周善和女士沒有接受過正規教育,她為了
糊口,曾經做過工人、女傭和老人院助理。她省吃儉用,
將大部分積蓄捐給醫學院,幫助有經濟困難的同學完成學
業。

無數港大的學生受惠於這些慷慨和無私的奉獻。沒有
這些善長的捐獻,港大畢業生沒可能對社會作出如斯巨大
的貢獻。因此,他們應該感恩並善用每個機會服務人羣以
作回饋。

2014 年 12 月 28 日,港鐵香港大學站正式啟用,是
港大發展的另一個里程碑。香港大學站是港鐵港島線向西
伸延路線上的一個車站,亦是全港最大和最深的洞穴車
站。車站興建在地底洞穴內,鄰近香港大學,透過多組升
降機連接香港大學本部校園及百週年校園。香港大學站是
港大在香港特殊地位的標誌,也反映了香港人對她的特殊
感情。在大學附近開設港鐵站不是新鮮事,香港中文大學

父親（身後舊照片中後排左十）、弟弟與我在香港大學站的「合照」

的大學站和香港城市大學的九龍塘站都是例子。可是，香
港大學站是唯一以一間大學命名的港鐵站。不用說當時港
鐵主席蘇澤光也是港大校友。

當你步出香港大學站，不妨在大堂留連或踏入升降
機，你不會看到護膚品或瘦身廣告，而是歷史的足跡——
百年來與港大有關的照片，從孫中山先生到現代，從盧押
爵士為港大主持奠基禮到百週年校園開幕，一一展現眼前。

細看這些照片，你也許會看到我的父親、弟弟和我。
別忘了，港大是我們三人的母校。

第十章

妥協的藝術

有謂政治是可能的藝術。的確,成功的從政者往往能夠將不可能變成可能。

人心不同,各如其面。要達成協議,雙方就要理性行事,結果為本,各讓一步,以大局為重。這是妥協的真諦。其他一切技術上的細節可以容後慢慢談。中國人説「求大同存小異」,正是談判和協商的成功關鍵。

勞資糾紛是世界性的問題,自古有之。有些嚴重的利益衝突,根本無法解決。比方説,工人要求少勞多得,僱主則正好相反。

在香港,勞資雙方的爭議點包括最低工資、強積金對沖基制、法定假期數目、輸入外勞、工人集體談判權和標準工時。

工人覺得被僱主剝削,又無法分享經濟成果。他們埋怨薪酬低、假期少,又反對輸入外勞,擔心會被拉拖低工資。今天,他們因工作生活失衡弄到身心俱疲。如果他們

的工作涉及公眾安全，例如駕駛巴士，更會對社會產生潛在威脅。工時長影響他們的家庭生活，除非政府同時立法規管最高工時，否則標準工時不能解決所有勞資問題。

說來諷刺，爭取標準工時最大的呼聲並非來自工人，而是他們所屬的工會。這不讓人意外。香港具組織和規模的工會多與政黨有聯繫，例如香港工會聯合會、香港職工會聯盟和街坊工友服務處等。為吸納會員，他們努力扮演為工人權益奮鬥的角色。

僱主通常表現得比較克制，但他們堅決反對任何形式的工時規管。他們認為，立法規管工時會增加企業尤其是中小企的經營成本，而且以往禁止輸入外勞，規管工時只會令勞工短缺問題惡化。由於香港的公司有八成屬於中小企，它們的經營成本上升，最終會影響香港整體經濟和競爭力。他們亦擔心有關法例通過後會不時作出修訂，令工時愈減愈少。

這個問題因而變成了燙手山芋。當政府表示有意委任我擔任標準工時委員會主席時，我有點猶豫。我並不熟悉勞資糾紛，我診所的全體員工只有兩名護士和一個秘書。但這些局限也同樣是我的優勢，至少證明我在標準工時的問題上沒涉及利益衝突。也許，這就是勞資雙方都接受我出任主席的原因。

標準工時委員會的職責包括：

- 跟進政府的標準工時政策研究，並按需要進一步深入探討研究當中的主要課題；

- 促進公眾對標準工時及其他有關議題的認識，包括僱員超時工作的情況及安排、讓市民知情地參與有關議題的討論，和收集相關人士的意見；及

- 向行政長官匯報及就處理本港工時情況提供意見，包括應否考慮制定法定標準工時制度或其他方案。

我在接受任命的同時，堅持以下兩大原則：

- 委員會須由同等數目的僱主和僱員，以及工會和僱主聯合會的代表組成。其他成員應包括中立人士及學者；

- 政府在這個問題上不應有既定立場。

我知道任務艱巨，但願雙方能夠依道理行事，以理性解決問題。

勞資雙方的代表在首次會議後，就以下目標及原則達成共識：

- 進行廣泛的公共諮詢，搜集所有持分者的意見，

政黨及工會團體趁召開標準工時委員會會
議期間請願

包括工會、僱主聯合會、主要專業團體和市民大
眾。畢竟，工時多寡對每個人都有影響，削減工
時可能減少收入，增加工時則意味着減少與家人
相處的時間；

- 同意「求大同存小異」；

- 任何結論都要有事實支持；

- 委員會作出的任何決定不能影響香港的競爭力和
  經濟發展；

- 充分考慮僱員的保障與企業的負擔能力。

我們進行了多輪獨立、廣泛的諮詢活動，包括：

- 超過一萬次成功家訪，隨機訪問僱員，以日誌方式搜集實際工時的資料；

- 與工會及僱主聯合會進行小組會面；

- 個別專業與工種調查；

- 以公開論壇的方式進行廣泛的公眾諮詢。

諮詢結果經分析後呈交委員會，我有點喜出望外。委員會成員就以下四個範疇達成共識：

- 應為工時政策立法；

- 僱主與每個僱員應簽訂具法律約束力的合約，訂明有關工時、加班工資與休息時間的細則；

- 每個行業和工種的情況不同，以「一刀切」方式規管工時不可行；

- 談判能力薄弱的基層工人應該得到更大的保障。

不過，事實證明我高興得太早。委員會剛展開第二階段諮詢，代表勞工界的成員就決定杯葛會議和諮詢。他們聲言，除非委員會答應就標準工時立法，否則不會重返談判桌。原先達成的協調亦一筆勾銷。

這是一種勒索，我身為主席，可以解散委員會，將這個燙手山芋交回政府；也可以堅持到底，完成任務及提交建議。

在其他成員支持下，我決定堅持下去。畢竟，

- 我們還有足夠的成員，符合法定人數的要求。不應因為某些成員缺席而解散委員會；

- 這些成員當中雖然沒有人可以代表工會發言，但也有僱員的代表；

- 我們在第一輪諮詢已搜集大量僱員的意見；

- 工會代表放棄為會員表達意見的權利，並背棄了為會員爭取權益的職責，必須在會議桌上取得實質進展。

委員會堅持下去，完成了第二階段諮詢。在這個階段，我們希望找出有關「標準工時」適用水平的共識或主流意見。

我們用作分析的三項基本參數包括工資水平、工時和加班補償。

眾所周知，標準工時規管不適用於管理階層的員工。他們當然有下班時間，但他們對工作的承擔沒有固定時

限。很明顯，標準工時只適用於責任沒那麼大的員工。但如何分辨這些員工呢？

很遺憾，與各持分者詳談了四十多次，一個建議也沒有收到。僱主不肯提出一個工資水平，怕被工會嘲笑攻擊；而僱員則堅稱標準工時適用於所有工種和工資水平。結果雙方僵持不下。

工會立場強硬，可歸咎於工會與工會之間爭奪會員的惡性競爭。它們互相指責，一看見對方在標準工時上妥協，不管是否合理，都會高呼工人的利益被出賣。

與此同時，工會根據自己進行的調查，提出以下要求：

- 為所有僱員制定標準工時法例；

- 標準工時定為每週 44 小時，適用於所有僱員；

- 以補假或時薪乘以 1.5 的方式補償加班的員工。

他們在諮詢報告中提出兩句口號：

- 「有開工有收工」；

- 「有超時有補水」；

我把握機會，提出兩個建議回應他們的訴求：

- 僱主須與僱員就工時簽訂有法律約束力的合約，

出席標準工時委員會諮詢會

與勞工代表吳秋北（右）及已故的僱主代表劉展灝（左）

以杜絕「有開工冇收工」的情況；

- 僱員加班須得到法律規定的補償，補償金額以他
  們當時所得的時薪或以上計算。這會解決「有超
  時冇補水」的問題。

　　一如所料，工會不為所動。在他們看來，我們建議的
不是標準工時而是合約工時的法例。諷刺的是，之前他們
從未對以上兩項建議提出反對。至於勞工界，對我們的建
議既沒有反對亦沒有表示支持。政府於 2017 年 6 月宣佈，
行政長官會同行政會議接納標準工時委員會提交的報告及
建議，作為「日後制定工時政策整體框架的基礎」，以及
同意採用「適當的配套措施」，以推行委員會的建議。

　　逾三年來，我們舉辦了總共 80 場諮詢會，並詳細分
析僱主及僱員的需要，以及評估政策對香港的經濟影響。
可是最後我們還是無法妥協。然而，我相信我們踏出了重
要的第一步，亦為規管工時奠下基礎。

　　在這個過程中我學到很多東西。我現在知道，對員
工誠實、公正和關心的僱主固然很多，但肆意剝削工人的
「無良僱主」亦確實存在。我對香港人有別於西方的獨特
工作文化也加深了認識。正如資深工運領袖劉千石所言，
在西方，打工仔為假期工作；在香港，打工仔為賺取薪金
工作。

在標準工時委員會諮詢會上發言（圖片由謝志德先生提供）

委員會的工作有兩點特別有價值。透過訪問超過一萬個從事不同行業的工人，我們搜集了大量有關工時、工作態度與行為的數據。此外，我們按工資水平、固定工時和加班補償，詳細分析了實施標準工時對香港經濟的影響。在此，我要特別感謝政府統計處及經濟分析及方便營商處的協助。

香港的勞動力在 2018 年達致高峰，之後勞工短缺問題會愈趨嚴重。同時，服務業的發展對香港經濟愈來愈重要。在這樣的大環境下，標準工時對香港的競爭力有何影響？委員會的數據和分析有助我們找到答案。

但現實情況是，標準工時的爭議令人情緒激動。我擔

任標準工時委員會主席，常常成為被攻擊和揶揄的對象。他們對我侮辱和抹黑，甚至公開呼籲我辭職，時有發生。有一次，我在會議場地被包圍，示威者聲言除非我答應就標準工時立法，否認不會讓我離開。我沒有被嚇倒，最後在保安和警方護送下離開。我在此對保安和警方致謝。

另一次，工會約我會晤。標準工時委員會的職員不贊成我赴會，但我還是出席了，目的是要宣揚和解、理性的信息，以及對我的反對者表示友好。

會議在喊口號和揮動標語的情況下進行，但整體上尚算順利。當答問環節結束，召集人宣佈散會，工會一名高級職員走過來遞給我一條尿布作「禮物」。我禮貌地收下。跟着他們叫我拆開「禮物」。我照着辦，然後笑着告訴他們：「我是泌尿科醫生，我每天都要接觸人類排泄物。」

我在這裏舊事重提不是要翻舊帳，只是想讀者對今天的香港多一重認識。不容異己，不擇手段，已成為某些人實踐民主的方式。

結語

理性的呼喚

這本書並不是自傳。

裏面描述的情節和事件，是香港人在回歸前後動盪年代的故事。

我是這個大時代洪流中的小人物；但因緣際會，我同時扮演斬妖救美的「白衣武士」。

我的特長是洞悉先機，能預知甚麼事情即將發生。我盡量把握機會，希望為社會帶來更好的轉變。在以上的各章，我闡述我為醫學界自主、醫療制度改革、工人權益和社會老化所做的事，皆可作如是觀。

我此刻的心境一如經典流行曲 *My Way* 的歌詞：「遺憾，不是沒有；只是太少了，不值一提。」成功從來不易。持分者往往拒絕改變，不過，理性的呼喚往往難以抗拒。時間足以證明一切。中醫註冊制度最終能實施就是個好例子。

　　我爭取中醫註冊多年，卻遭到四方八面的反對。中醫師認為一個受西方醫學訓練的醫生對他們作出無理干涉，累及他們的生計。我的選民也不支持我。這不難理解，中醫一旦獲准註冊執業，勢必大幅增加醫療人力供應，降低醫療人力對人口的比例。

　　這是把個人利益凌駕於公眾利益之上。不過，規定實施中醫註冊制度可以規管中醫，保障市民健康，也是為發展傳統中醫藥這種有千年歷史、一直以來守護中國人健康的專業踏出的重要第一步。當全世界都在倡議發展「草藥」，我們身為炎黃子孫和華陀後人，忍心讓傳統中醫藥荒廢失傳嗎？

　　我曾經試圖將中醫加入立法會選舉的醫學界功能組別之舉或許過份熱心。畢竟，跟西醫一樣，中醫也是醫療服務業者，兩者實應同口一聲，肩並肩一起向政府爭取更多資源來服務市民。很可惜，我的觀點不獲西醫同事支持。他們擔心，有朝一日他們在立法會的代表會由中醫出任。這是何等短視和缺乏自信的表現！一如預料，我的建議沒有成事。

　　幸而，社會還是傾向理性。如今中醫註冊制度運作良好，中醫藥在香港亦有長足發展。目前，18 間政府診所提供中醫藥服務，三間本地大學提供全日制學士學位中醫課程，一所中醫醫院亦正在籌備中。但中醫與西醫將來也

許會在選舉中對壘，而非攜手合作，殊屬可惜！

科技進步和社會發展衝擊傳統價值，科學輔助人類生殖正是一例。科學的確可以提升生活質素，但亦可引起混亂和造成破壞。對不育男女，科學可以創造奇蹟，為他們送上健康的嬰孩，但當中涉及的倫理、社會、法律和道德問題必須小心處理，當中嬰孩應有的保障尤其重要。這方面，我在「醫生與社會」一章已有詳細論述。

人工受孕的醫療程序不算複雜，但生下來的孩子可能終生被視作「私生子」，所以必須訂立法例，規定同意妻子接受手術的丈夫，在道德上和法律上都是孩子的父親。香港法律和中國傳統都界定婚姻為一男一女或夫婦的結合。同性婚姻今日在多國早已視為合法，但透過科學輔助生殖誕下的孩子，要承受多少壓力和歧視，值得深思。我並不反對同性婚姻，但同性父母的孩子在保守的社會或會永久被標籤，受盡歧視。另外，還有代孕母親的問題，試想想如果一位母親替她不育的女兒充當代孕母親，那誰人是這位母親誕下的孩子的母親、姐姐或祖母，也不容易說清楚。

在香港，捐贈器官的法定同意年齡是 18 歲，並非無因。未滿 18 歲的人在生理和心理上也不夠成熟，無法理解捐贈器官的含義，以及其對身體的長遠影響。他們同意捐贈器官，可能是被迫，或遭情緒勒索——「不捐出你的

器官，你的親人就沒有希望」。正因如此，未滿 18 歲的人在選舉並無投票權。試從捐贈者父母的角度想想，若捐贈者未成年，他們完全健康但未成年的孩子要做一個大手術，結果未明，而且會有長遠後遺症；再從做移植手術的醫生角度想想，他要從一個健康的未成年孩子身上取去哪怕只是部分的器官，兩種情況下都會對人構成巨大的心理壓力。如果醫生犯上一個小錯誤，以致不只失去了捐贈的器官更連捐贈者的生命也犧牲時，他會處於甚麼境況？畢竟，據報活器官捐贈的併發症比率約為百分之二十。

這些心理壓力和煎熬，只有親身經歷的當事人明白。支持將法定同意年齡降低的人，想得到的也許只是「拯救生命」的榮譽感和正面形象而已。立法會議員和政府曾認真考慮修訂法例，降低捐贈器官的法定同意年齡，亦相信很大機會獲議員支持。幸而，最後理性再次得到彰顯，修訂沒有在立法會提出。

我繼承家父衣缽，23 歲投身醫學界。我選擇外科，因為在做手術過程中，需要作出快速的決定以達到理想的結果。這最終證明我沒有選錯。我在短短三年取得專科資格。一切準備就緒，我會成為優秀的外科醫生，這似乎是我要走的路。

但我志不止此。香港醫療制度的諸多問題令我感到不快，我決定有所行動。我先後出任香港外科學會及香港醫

學會（該會包括所有香港註冊醫生）的主席。之後，我當
選英國醫學會（香港分會）主席。對我來說，這些職銜是
推動醫療改革與提升醫療水平的平台。我加入基本法諮詢
委員會，目的是與其他專業人士聯手捍衛香港回歸後的專
業自主。我第二次參加立法會選舉，成功當選，自此代表
醫學界功能組別 12 年之久。這些年來，我以我的專長和
我代表界別的集體智慧，致力為香港作出貢獻。

　　我從不視醫學界的利益為狹窄的界別利益。作為醫
學界的領袖和代表，我擔當橋樑的角色，兼顧業界利益與
公眾需要，深信社會的整體利益也是醫學界的利益！我每
一次為醫學界爭取利益，也是為市民爭取福利。舉例說，
我爭取立法防止工業意外、對工人作出賠償，以及有關肺
塵埃沉着病和噪音導致失聰的法例。我也支持立法禁煙。
我跟公共衛生專家麥龍詩迪博士與已故港大教授賀達理合
作，草擬及在立法會提出首個反吸煙私人草案。今天，法
例給予吸煙人士與二手煙受害人足夠保障。不過，我認為
最終應該實施全面禁煙！

　　我在立法局的工作，其中最具爭議性的，是建議非
本地醫科畢業生須通過醫務委員會舉辦的執業資格試。這
關乎公眾利益。市民將他們的健康託付給醫生，醫生自當
符合一定的專業水平。全世界的醫學院多不勝數，良莠不
齊，該如何判定醫科畢業生的水平和資格？最有效的方法

是舉辦執業資格試，而這並非維護本地大學醫科畢業生的利益之舉。在殖民地時代，英國與英聯邦大學醫學院的水平，由英國醫務委員學審核，香港的醫務委員會自然跟從。其他大學，包括內地的醫科畢業生，必須考執業資格試。回歸後，這樣的安排不可接受。香港需要為所有醫科畢業生舉辦一個執業資格試。這個執業資格試是最有效的篩選方法。但回歸前在認可大學就讀的醫科生可獲豁免。

再一次，社會回歸理性，以公眾利益為先。

當國家領導人鄧小平宣佈香港須於 1997 年回歸祖國，很多人憂心不已，甚至想盡辦法離開香港。當香港人知道自己在中英談判過程中沒有發言權，更感無助。換句話說，香港人任由中英兩方處置。「一國兩制」的構思提供了若干保證，當中提及香港處於內地社會主義體系之下，仍保留其資本主義制度。但一如以往，魔鬼總在細節中，也視乎《基本法》如何起草。

回歸後，《基本法》作為香港的「小憲法」即時生效。香港是法治社會，她的法律必須符合《基本法》。這成為回歸前臨時立法會的艱巨任務。

在 1988 至 2000 年，我擔任立法會（局）議員。由 1995 至 2000 年，我亦為立法會（局）內務委員會主席，負責與政務司（布政司）商討立法會（局）事務。我的任

期橫跨九七前後，期間香港由英國殖民地轉變成中國特別
行政區。在 1996 年 7 月到 1997 年 7 月的一年間，我以
臨時立法會議員的身份，逢星期三在立法會辯論及通過草
案。每個週六早上，我則以中央臨時立法會議員的身份到
深圳開會，處理《基本法》與香港法律相符的事宜。

臨時立法會的任務艱巨，也要擔當雙重角色，既要
監察政府及為當下社會立法，又要為九七後的香港做好準
備，修改現行法例以符合《基本法》。問題是我們這班臨
時立法會議員由中央人民政府任命，並非香港市民選出的
民意代表。中央政府指示我們只需處理最重要和迫切的議
題，但無論是否得到市民授權，我們也有責任確保政府的
運作符合市民最大利益，選擇性地處理問題是我們負擔不
起的奢侈品。臨時立法會面對這個兩難局面，身份變得曖
昧，非驢非馬。

香港的主權在 1997 年 7 月 1 日凌晨順利移交，中英
兩國皆表現出泱泱大國的風範，大多數香港人對回歸祖國
表示歡迎。

儀式典禮僅是表面的事，問題是：港人治港真的可行
嗎？1997 年 6 月 27 日，我以立法會內務委員會主席的身
份致告別辭，以下是部分內容：

　　主席先生，常常說香港人政治冷感。這也許

是事實，但多少跟政府向他們灌輸的殖民教育有
關。這套教育培養出奉公守法的市民，但他們缺
乏獨立思維，以為政府永遠是對的。

很遺憾，香港人在回歸前從未有機會一嚐參與管治的
滋味。超過一百年，民主以及讓有民意授權的人參與制定
政策的概念，對香港人全然陌生。只是因為香港主權即將
易手，香港人才不會對政府言聽計從。同樣遺憾的是，香
港的代議政制發展在十年前本有機會邁進一步，但最後胎
死腹中。若歷史可以改寫，「港人治港」的路也許可以走
得更順暢。

自醫科畢業以來，我一直當醫生和做外科手術，從未
間斷。這是我的終身事業，絕不輕言放棄。自 1980 年代
初，我同時開始擔任公職並積極投入社會服務。我一人如
可以事二主？我相信，這視乎你有多投入，以及是否懂得
善用時間和制定優次。外科手術訓練我做理智的決定和冒
計算過的風險。作為外科醫生，我更能體會市民大眾的痛
苦和憂慮。

醫生接觸的病人來自社會各階層。他們將生命付託給
我，自然不介意向我細訴他們的煩惱。我從他們身上了解
到普羅大眾的問題，以及他們應對之法。我不只跟社會上
流人士交往，也接觸貧苦大眾，我因此變得更貼近現實，
也逐漸明白，貧苦大眾的苦惱除了來自病痛，還來自社會

的不公。在這個意義上，服務大眾令我成為更好的醫生。
以下出自唐代名醫孫思邈的話，大有智慧：

- 上醫醫國；

- 中醫醫人；

- 下醫醫病。

我既是外科醫生，也是從政者和獻身服務社會的人。
很多人問我，「得着有多少？」、「有遺憾嗎？」我不喜
歡自吹自擂。榮譽是別人賜予的，很多事情歷史自有公
論。要服務公眾，難免要成為公眾人物，一舉一動都被傳
媒注視。然而，我從共事的人身上獲益良多，這是我的幸
運。在我的領導下，香港一些最重要的機構不負眾望，令
這個城市的發展更上一層樓。這是我的安慰。我最感激
的，是多年以來家人對我的體諒和支持，尤其是令我常常
保持活力與警覺性的太太。她也是香港放射科醫學院的創
院院長。

服務社會的關鍵在於忘我。不要奢望留名後世，名聲
總如浮雲「隨風而逝」。不過，如果你有幸能與最優秀的
人共事，又能專心致志，循着理性而行，你對社會的貢獻
會惠澤人民及他們的下一代。這不僅是你個人的勝利，也
是理智的勝利。即使最後我的名字或許無人再記起，我也
無愧無悔。

我的太太馮令儀，也是我的終生伴侶和紅顏知
己（圖片由謝志德先生提供）

附錄
有用連結

麥花臣演說（McFadzean Oration）（2004 年 10 月 23 日）（英文）

http://www.chleong.com.hk/Articles/All_Docs/Medical_
Profession/041023.html

《與時並進》檢討報告（英文）

https://www.hku.hk/about/governance/c_purpose_report.html

百周年校慶典禮檢討報告（英文）

http://www.gs.hku.hk/rpanel/Report.pdf

標準工時委員會報告

http://www.labour.gov.hk/tc/plan/pdf/whp/swhc_report.pdf